U0471826

教育的本质就是
提高生命的质量
和生命的价值

热风集

顾明远教育沉思

顾明远/著

中国人民大学出版社
·北京·

前　言

　　作为一名老教育工作者，天天思考的问题就是教育。到2035年要实现中国教育现代化，我时常有一种紧迫感。实现中国教育现代化，建立中国式现代教育理论体系，我们还需要哪些努力？在教育实践层面上我们天天讲教育要改革，天天在说要回归教育本原，究竟要改什么？教育本原在哪里？改革开放以来，我国教育取得了举世瞩目的成绩，这毋庸置疑。但实现教育现代化，我们还缺些什么？怎样改革？我认为，当前我国基础教育最缺的是"创新"。我国基础教育让学生掌握了扎实的知识，但知识并不等于智慧，并不等于创造能力。当今时代是创新的时代，没有创新思维和创新能力，怎么能实现现代化？

　　要回归教育的本原。教育的本原是什么？我一直认为，教师也好，教育部门的领导也好，总要学点教育理论，教育发展要靠教育理论的指导，树立正确的人才观、学生观、质量观。教育的本原就是促进人的发展，提高人的生命质量和生命价值。实现中国式现代化就是要通过教育提高全体人民的文化水平，共同富裕，建设教育强国，为实现中华民族伟大复兴的中国梦提供接过重要接力棒的人才。

  这两年我写了几篇理论文章，结合当时大家热议的教育问题，零零碎碎写了一些随想。感谢中国人民大学出版社把它们结集成册。正值盛暑，又讨论了一点热点问题，无以命名，就叫《热风集》吧。

2024 年 7 月 25 日

目　录

关于中国教育现代化

003　全面建设社会主义现代化国家中的中国教育现代化

010　实现教育现代化的指路明灯

016　中国从基础教育大国迈向基础教育强国

033　教育对外开放与中国式高等教育现代化

049　没有乡村教育的现代化，就没有全国教育的现代化

052　新时代基础教育的使命与担当

056　新时代比较教育面临的挑战与使命

教育学科发展的几个基本议题

063　教育学中的几个基本概念的辨析

069　简议教育学科知识体系的问题

077　中国教育学科体系、学术体系和话语体系建设的三个着力点

085　中国教育学科的发源地和研究重镇

深化教育改革问题的讨论

097　对深化教育改革的几点建议

104　化解"双减"后新矛盾，须提升育人水平

108　新时代中国基础教育改革发展要回答的十个问题

121　高中教育，需为培育创新人才打好扎实基础

123　关于"普职同重"问题的一些思考

129　办好学前教育，夯实教育强国基点

133　加强中小学生科学教育

135　学位制度的回顾与展望

139　大学是创造新文化的主阵地

142　加强高等学校哲学人文学科建设，提高学生人文素养

146　讲述中国高等教育发展的故事

149　课程教材研究永远在路上

152　主体教育40年

155　无锡教育之花盛开：我与无锡教育

教育教学的改变

165　深化教育教学改革：PDC教学模式的样板

167　对当前推进智慧教育的几点认识

172　社会性科学教育的重要性

177　杰出人才和普通劳动者

180　大家都来关心青少年的健康

184　研学旅行的重点在于研和学

186　阅读：打开智慧之门的金钥匙

189　谈谈读书

196　家长要学点家庭教育学

致未来的教育家

203　对话佐藤学：致创造未来的中国教师

215　教师要以教育家精神锤炼成长

219　把教师的专业水平提升到更高的层次

224　发扬"中师"精神，培养优秀小学教师

226　陶行知先生是我们永远的老师

228　像于漪那样做老师

关于中国教育现代化

大学之道，在明、德在亲民在止于至善

甲辰之秋 顾明远书

全面建设社会主义现代化国家中的中国教育现代化

党的二十大提出，全面建成社会主义现代化强国、实现第二个百年奋斗目标，以中国式现代化全面推进中华民族伟大复兴。同时指出，中国式现代化，是中国共产党领导的社会主义现代化，既有各国现代化的共同特征，更有基于自己国情的中国特色。中国教育也具有这些特征。我们要建设高质量教育体系，实现教育现代化，必须以党的二十大精神为指针，建设中国教育现代化。

中国教育现代化追求历程

实现教育现代化一直是中国知识分子的追求，早在清末洋务运动时期，一批有识之士就开始创办新学堂。1902年清政府颁布

《钦定学堂章程》，1904年改颁《奏定学堂章程》，基本上是模仿日本的学校制度。1922年北洋政府颁布《学校系统改革案》，采用了美国学制，提出"一、适应社会之需要，二、发挥平民教育之精神，三、谋个性的发展……"。中国教育开始向现代教育迈出了一步。但由于国家长期受到列强的侵略压迫，中国一直处于半殖民地半封建地位，国家贫穷落后，再加上国民政府的腐败，至1949年新中国成立之前，全国文盲人口占比高达80%。

新中国成立后，党和政府十分重视教育的发展。1949年12月23日至31日就召开了第一次全国教育工作会议，确立"教育必须为国家建设服务，学校必须为工农开门"的方针。从此中国教育开始走向现代化的道路，各级各类学校开始迅速发展起来。但由于当时百废待兴，国家经济实力不足，至"文化大革命"前夕，初等教育尚未普及。

改革开放为中国教育现代化发展开辟了道路。1983年邓小平"教育要面向现代化，面向世界，面向未来"的题词，为实现教育现代化指明了方向。1985年全国教育工作会议召开，随后中共中央发布了《关于教育体制改革的决定》，作出了普及九年义务教育的决定，提出"教育必须为社会主义建设服务，社会主义建设必须依靠教育"。这就把中国教育现代化推进到快车道。在中国共产党领导下，全国人民共同努力奋斗，在短短20多年的时间内就在有十几亿人口的大国普及了九年义务教育。2012年党的十八大以来，以习近平同志为核心的党中央高度重视教育的发展，把教育优先发展作为国家发展战略，教育作为党之大计、国之大计，教育现代化程度迅速提高，在全国脱贫攻坚取得决定性成就、全面建成小康社会的背景下，义务教育得到巩固与提高，高中阶段教育也基本上达到普及，高等教育实现了跨越式发展，截至2022年毛入学率已达57.8%。中国教育现代化指日可待。

教育现代化要为中国式现代化服务

一、教育要为实现中华民族伟大复兴提供人才支撑

党的二十大为实现第二个百年奋斗目标和中华民族伟大复兴规划了宏伟蓝图，提出总的战略安排分两步走：从2020年到2035年基本实现社会主义现代化，从2035年到本世纪中叶把我国建成富强民主文明和谐美丽的社会主义现代化强国。实现这个目标，就要实施科教兴国战略。"教育、科技、人才是全面建设社会主义现代化国家的基础性、战略性支撑。"要坚持科学技术是第一生产力、人才是第一资源、创新是第一动力，教育是基础工程。科学技术要人才来掌握，人才要依靠教育来培养。当今世界的综合国力竞争，说到底是人才竞争，人才越来越成为推动经济社会发展的战略性资源。当前在学校学习的青少年，正是参与国际竞争，实现第二个百年奋斗目标和中华民族伟大复兴中国梦的新生力量。教育要把他们培养成具有国家情怀、真实本领、勇于承担的德智体美劳全面发展的社会主义建设者和接班人。

二、教育要为人民共同富裕提供智力支撑

中国式现代化是全体人民富裕的现代化。今天，我国已经实现了全面脱贫，建成了小康社会。今后要为共同富裕而努力。要致富，就要有知识、有技术。教育要提高教育质量，促进教育公平，让每个人都能享受公平而有质量的教育，提高全国人民的文化程度、科学素养。只有掌握了科学技术，才能提高生产力和创新能力，才能为实现中国式现代化提供资源。特别是要把知识和技术送到农村，提高农民的文化程度和知识水平，从而提高农业生产力，实现农村现代化。

三、教育要为社会文明建设提供文化资源

中国式现代化是物质文明和精神文明相协调的现代化，是人与自然和谐共生的现代化。现代化的根本目的就是培养现代化的人。教育要弘扬中华优秀传统文化，继承和发扬不畏强暴、自力更生的民族精神；全面贯彻社会主义核心价值观，开展伟大建党精神教育，深化爱国主义、集体主义、社会主义教育，提高全民族的文化素养，提高社会的文明程度。

四、教育要为国际交流培养国际化人才

中国式现代化是走和平发展道路的现代化。中国始终坚持维护世界和平、促进共同发展和构建人类命运共同体。教育要为我

国扩大开放，推进"一带一路"倡议，加强与友好国家的交流与合作，培养具有国际视野、懂得国际规则、进行国际交流、参与全球治理的国际化人才。

中国式教育现代化的基本特征

中国式教育现代化与中国式现代化的特征是一样的，既有各国的共同特征，又有基于中国国情的特点。中国式教育现代化的特点有如下几个方面：

第一，中国教育是在中国共产党全面领导下，以马克思主义为指导的社会主义教育。中国教育要为人民服务，为中国共产党治国理政服务，为巩固和发展中国特色社会主义制度服务，为改革开放和社会主义现代化建设服务。要培养具有爱国情怀、真实本领、勇于担当的德智体美劳全面发展的社会主义建设者和接班人。

第二，中国教育坚持以人民为中心的发展理念，强调教育的公益性，促进教育公平，提高教育质量。让每一个孩子都能享受有质量的教育。通过教育提高每个公民的生存能力和发展能力，促进人的全面发展和全体人民的共同富裕。

第三，中国教育始终以马克思主义关于教育与生产劳动相结合的思想为指导，培养理论与实际相结合、学用一致、全面发展的新人，逐步消灭脑力劳动和体力劳动的差别。在学校中加强劳动教育，使学生在劳动中养成尊重劳动、尊重劳动人民，树立劳动最重要、劳动最光荣的思想观念。

第四，中国教育是在中华优秀传统文化基础上发展起来的，中国教育中流淌着中华文化的基因。中华文化强调人与自然的和谐，即所谓天人合一；主张家国一体，正如《大学》中说："修身齐家治国平天下"，教育始终培养学生热爱祖国的家国情怀；倡导开放、包容、和而不同，吸收世界一切优秀文化成果。中国教育始终把弘扬中华优秀传统文化和社会主义核心价值观作为培养人才的重要内容。

第五，中国教育源远流长，有着优秀的教育传统。中国经典著作中有着丰富的教育理论和学习方法，如《论语》《学记》中就有着精辟的教育论述；《中庸》提出学习应"博学之，审问之，慎思之，明辨之，笃行之"，一直是中国教育教学遵循的原则。

第六，中国教育现代化重视教师教育的建设，以建设高质量、专业化、创新型教育队伍为教育发展的支撑。中国教师教育实行职前职后一体化，不仅重视教师的职前培养，而且重视职后的研修提高。中国教师有两支教师队伍：一支是以师范院校为主体，高水平大学参与培养的现任教师队伍；另一支是教育行政部门下设的教学研究室和省市各级教育学院、教师进修院校的教师队伍。后者不在中小学校任教，但帮助指导在校教师研究课程、钻研教材、设计教学，以便提高课堂教育质量。这是一支最有中国特色的教师队伍，也是中国教育的创新之处。

第七，中国教育现代化以先进信息技术的应用促进教育教学的改革和发展。数字化、大数据、人工智能、互联网正在深入中国教育的改革中。新冠疫情的暴发，一方面给教育带来了困难，另一方面也促进了中国教育的信息化。数字技术正在改变着教育的生态、教育的方式，乃至师生关系。要充分认识数字技术的优势和风险，科学适当地运用数字技术，赋能教育质量的提高。

第八，中国是一个有14亿多人口的大国，幅员辽阔，全国各地教育发展不平衡。中国教育要在中国大地办教育，就要根据不同地区经济社会的不同，在统一的教育方针指导下，因地制宜办教育，办好每一所学校，教好每一个学生，办好人民满意的教育。这是中国式教育现代化的最大特点。

当今，中国是有2.91亿人在校学习的教育大国，我们要认真学习二十大精神和习近平总书记关于教育的重要论述，迈向教育新征程，为早日实现教育现代化、建设教育强国而奋斗，为实现第二个百年奋斗目标和中华民族伟大复兴培养具有爱国情怀、真实本领、勇于担当的时代新人。

（原文部分载于2022年12月2日《国际教育交流》，2023年4月17日修改）

实现教育现代化的指路明灯

今年是邓小平为北京景山学校题词"教育要面向现代化，面向世界，面向未来"40周年。我们在学习党的二十大报告，全面建设中国式现代化的时候，越来越认识到"三个面向"的深刻内涵及对我国教育改革和发展的指导意义。"三个面向"是我国实现教育现代化的指路明灯。

邓小平题词的北京景山学校是由中共中央直接创办和领导的一所教育改革的实验学校。1960年在毛泽东"教育要革命，学制要缩短"的思想指导下，中央宣传部创办了北京景山学校，由中宣部秘书长童大林领导，委派中宣部干部方玄初（敢峰）任校长。同时从北京师范大学调了约40名教师和应届毕业生去任教。其中就有北京师范大学历史系总支副书记贺鸿琛到景山学校任支部书记，还有数学系的苏式冬和陈心五、教育系的刘曼华等优秀教师。学校实行十年一贯制，自编教材。学校办了六年，取得了很好的经验。"文化大革命"期间被迫停办。"文化大革命"后复

实现教育现代化的指路明灯

校，改为十二年一贯制，但小学初中一直实行一贯制。童大林复职后特别关心景山学校，不时召集中央文献研究室的龚育之、国家科委的吴明瑜，北师大则找了丁尔陞和我，以及方玄初、贺鸿琛等座谈讨论，怎么把景山学校办好。正在迷惘摸索的时候，得到邓小平为景山学校题词"教育要面向现代化，面向世界，面向未来"，这一下子明确了景山学校的办学方向。为了贯彻落实邓小平题词精神，景山学校专门成立了学校专家委员会，我和吕型伟、陶西平都曾应聘参加。

景山学校是一所教改学校，学校始终不忘初心，秉承改革创新的理念，不追求升学率，不争名牌，而是脚踏实地贯彻党的全面发展的教育方针，坚持素质教育。学校在学校管理、课程建设、教材建设、教学方式等方面进行了长期的研究探索，是我国最早应用计算机技术，进行信息化教学的。学校重视科学教育，开展科技活动，培养学生的创新思维和创造能力。几十年来景山学校创造了"景山经验"，始终走在教育改革的前列，取得了教学改革的丰硕成果，培养了大批优秀人才，为中国基础教育的发展作出了卓越贡献。

邓小平"三个面向"的题词，不仅为北京景山学校指明办学方向，而且是我国教育改革和发展的指导方针，为我国教育迈向现代化吹响了进军号。40年来我国在"三个面向"方针的指导下，深化教育改革，在推进教育现代化方面取得了巨大进步。

热风集：顾明远教育沉思

今天，全国都在学习和贯彻党的二十大精神。习近平总书记在二十大报告中提出，要全面建设社会主义现代化国家；要坚持教育优先发展、科技自立自强、人才引领驱动，加快建设教育强国、科技强国、人才强国。我们重温邓小平"三个面向"的题词，更加感到它的时代性、前瞻性、深刻性。邓小平早在1979年就指出，科学技术是第一生产力，人才是关键，教育是基础。按我的理解，"三个面向"的核心就是要面向前沿的科学技术。回想1983年，当时我国一无资金、二无技术、三无人才。当时全球科学技术迅猛发展、优秀人才辈出，所以我们要改革开放，到世界中去学习。小平同志为了发展我国基础教育，不惜从极其紧缺的外汇中抽出10万美元去购买国外发达国家的教材，为我国教材建设提供借鉴。今天我们要全面建设社会主义现代化国家，科技、人才、教育仍然是三个基本要素。教育是基础，要始终瞄准现代科技的发展，瞄准未来社会的发展，深入教育改革，转变教育观念，变革人才培养方式方法，为实现第二个百年奋斗目标和中华民族伟大复兴培养创新人才，实现教育现代化。

教育现代化的最终目的就是培养现代化的人。教育要始终把立德树人作为根本任务，全面贯彻党的教育方针，培养德智体美劳全面发展的社会主义建设者和接班人。

中国式教育现代化既有现代教育的基本特征，更有基于自己国情的中国特色。在教育改革过程中，我们要吸收世界一切优秀文化成果，借鉴国际教育改革的新理念、新方法，更要根据我国人口多、发展不平衡的特点，因地制宜，发展素质教育，促进教育公平，办好人民满意的教育。

中国式教育现代化，要继承和发扬中华民族的伟大传统，始终把弘扬中华优秀文化和社会主义核心价值观作为培养人才的重要内容；把现代教育技术与中国优秀教育传统结合起来，培养有爱国情怀、真实本领、勇于担当的一代新人。

当前，我国教育发展进入了一个新时期，要从数量的发展转向质量的提升。提高教育质量，促进教育公平仍然是今后教育工作的重点。特别要重视农村和边远地区的教育，通过教育提高全民的文化水平，促进农村经济社会的发展。

学校是整个教育系统中的细胞，教育的根本任务要落实到学校里。办好每一所学校，教好每一个学生，才能实现教育现代化。学校要以"三个面向"为指针，认真落实党的二十大精神。要把课堂教育作为立德树人的主渠道，上好每一节课，教好每一个学生。要深化教育改革，转变教育观念，以学生为本，充分发挥学生的主体性，把教师的"教"转变为学生的"学"；把"记忆教学"转变为"发展教学"。学生在课堂上学懂学会了就能减轻作业负担，有时间锻炼身体、走向大自然、走向社会、扩大视野、体验生活、增强智慧；就能在教师的引导下树立理想信念、发展思维、探索未知，掌握为社会主义现代化服务的真本领。

教育是未来的事业，是为未来社会培养人才。现在学校学习的学生，正是将来实现第二个百年奋斗目标和中华民族伟大复兴的新生力量。因此，教育要面向未来，面向未来科学技术的发展、面向未来社会的变革。当今世界，科学技术日新月异，信息技术的发展，为教育改革和质量提升提供了有力的手段。今年2月，北京召开了世界数字教育大会。会议指出，数字技术作为世界科技革命和产业变革的先导力量，日益融入包括教育在内的经济社会发展各领域全过程，正在深刻改变着生产方式、生活方式和社会治理方式。数字教育使教育更加智能化。数字化可以赋能教师的发展、教育质量的提升。数字技术的最大优势是可以帮助老师进行设计、检测、评估等工作。党的二十大报告在"实施科教兴国战略，强化现代化建设人才支撑"部分作出"推进教育数字化"的部署。学校、教师要迎接数字技术的挑战，学校的教育教学工作不只是传授现存的知识，而是要扩大学生的视野，培养他们的创新精神和实践能力。

教师要认识数字技术的优势以及判断使用数字技术时可能存在的风险，要学习掌握运用数字技术的能力，科学地、恰当地运用数字技术，提高教育教学的效能。数字技术、大数据、互联网具有开放性、互联性、个性性、虚拟性等特点，教师可以利用这些特点为学生设计个性化学习方案，和学生互联互通，指导学生深入的有效的学习，使学生得到全面的和个性的发展。同时要避免滥用大数据，防止师生信息的泄露，避免学生迷恋于虚拟世界。在使用数字技术的同时，还要加强师生之间的人际交流，丰富学生的精神世界。教师要做经师，更要做人师，要以自己的知识魅力、人格魅力培养学生成为时代新人。

（本文为 2023 年 10 月 18 日在北京景山学校教育改革推进大会上的发言）

中国从基础教育大国迈向基础教育强国

改革开放以来，经过不懈努力，我国建成了基础教育大国，取得了历史性成就。在建设基础教育大国的过程中，我国积累了许多优秀的经验，如党和国家高度重视教育事业、积极调动人民大众参与基础教育、加强教育法治建设、始终把教师摆在重要位置、实施教研制度、坚持教育改革创新等。加快建设教育强国，给基础教育发展带来新的历史机遇，也提出了新的时代命题。从基础教育大国走向基础教育强国，意味着基础教育的战略主题从规模扩大、结构完善、体系建构转向为中华民族伟大复兴提供基础支撑。以高质量的基础教育培养有能力参与全球竞争、适应甚至引领科技变革、担当中华民族伟大复兴战略使命的杰出人才，提高全体人民的文化素养，是建设教育强国进程中基础教育的战略任务。

中国从基础教育大国迈向基础教育强国

改革开放以来，尤其是党的十八大以来，我国基础教育改革发展取得了历史性成就。经过艰苦努力、接续奋斗，全世界体量最大的基础教育体系建成了，其质量水平整体进入世界中等偏上收入国家的行列。在这个过程中，中国基础教育积累了大量的宝贵经验，为世界教育发展贡献了独特的中国智慧和中国模式。面向"加快建设教育强国"的战略要求，基础教育迫切需要在新的历史起点上继往开来。

一、中国建设基础教育大国的历史进程与成就

改革开放之初，我国基础教育的底子非常薄弱，面临百废待兴的局面。伴随着一系列重大法律、政策的出台，我国逐步构建了基础教育的制度基础。1982年颁布的《中华人民共和国宪法》提出"普及初等义务教育"，这是我国首次以宪法形式将普及初等义务教育的目标确立下来，成为各地基础教育发展的重要遵循。1985年，《中共中央关于教育体制改革的决定》发布，提出"有步骤地实行九年制义务教育"，"普九"成为当时基础教育发展的战略主题。为了在幅员辽阔、发展极其不均衡的中国实现"普九"的宏伟目标，根据当时国情，发展基础教育的责任主要交给了地方，同时依靠人民群众办教育。这次体制改革促进了我国义务教育的快速普及。1986年，新颁布的《中华人民共和国义务教育法》明确提出实施九年制义务教育，从而使普及义务教育有了专门的法律保障。

热风集：顾明远教育沉思

　　1993年，中共中央、国务院印发《中国教育改革和发展纲要》，在我国基础教育发展史上具有重要意义，此后"两基"（基本普及九年义务教育和基本扫除青壮年文盲）成为基础教育发展新的战略主题。经过艰苦卓绝的努力，到2000年底，全国"普九"地区人口覆盖率达到85%，青壮年文盲率下降至5%以下，如期实现了"两基"战略目标。此后，我国基础教育发展的战略主题也由基本实现"两基"目标转向全面实现"两基"目标。经过不懈努力，2007年，西部地区"两基"攻坚如期完成，西部教育实现历史性巨变。又经过四年努力，2011年，全面实现"两基"目标。我国在占世界人口1/5的国家全面实现"两基"，用25年的时间，完成美国100年才完成的"普九"任务，为全人类文明进步作出巨大贡献。《国家中长期教育改革和发展规划纲要（2010—2020年）》将"提高教育质量""促进教育公平"作为教育改革和发展的战略主题，进一步提出了加快普及高中阶段教育和基本普及学前教育的要求。

　　党的十八大以来，以习近平同志为核心的党中央高度重视教育，坚持把教育摆在优先发展的战略位置，基础教育改革发展翻开了新的篇章。2014年，《国务院关于深化考试招生制度改革的实施意见》发布，启动高考综合改革试点。2015年，国务院办公厅印发《乡村教师支持计划（2015—2020年）》，解决乡村教育薄弱问题。2016年，《国务院关于统筹推进县域内城乡义务教育一体化改革发展的若干意见》印发，推动城乡义务教育均衡发展。

2018年，全国教育大会结束后，关于教师队伍、学前教育、义务教育、普通高中的系列文件相继印发，对新时代基础教育改革发展作出了系统的顶层设计。以中共中央的名义出台系列重大文件，将基础教育提到了前所未有的政治高度，标志着我国基础教育迎来了前所未有的战略机遇期。

从改革开放，到进入中国特色社会主义新时代，基础教育发展的步调环环相扣，理念协调统一，不断满足时代、人民对基础教育的新要求和新期盼。在党中央的坚强领导下，在全国基础教育工作者的共同努力下，我国基础教育改革发展取得了举世瞩目的成就，创造了14亿多人口大国基础教育跨越式发展的奇迹。

第一，教育资源覆盖率迅速提升，建成世界上最大的基础教育公共服务体系。学前教育阶段，2023年全国幼儿园数达到27.44万所，在园幼儿4 092.98万人，专任教师307.37万人，毛入园率达到91.1%，有力地保障了适龄幼儿入园需求。义务教育阶段，已有19.58万所学校、1.6亿人在校生、1 073.94万名专任教师。九年义务教育巩固率达到95.7%。普通高中阶段，办学规模持续扩大，2023年全国普通高中总数达1.54万所，在校生达2 803.63万人，专任教师达221.48万人，为更多适龄学生提供了受教育机会。

第二，经费投入总量显著增加，分担机制日趋合理，为基础教育事业高质量发展提供了有力保障。学前教育方面，经费投入机制不断完善。财政投入力度持续加大，2020年全国财政性学前教育经费为2 532亿元，比2011年增长了5倍，财政性教育经费占比从2011年的2.2%提高到2020年的5.9%。义务教育方面，强化各级政府财政保障责任，逐步提高义务教育经费保障水平，建立起城乡统一、重在农村的保障机制。2020年底，全国2 846个县（市、区）首次实现了义务教育教师平均工资收入水平不低于当地公务员平均工资收入水平的政策要求，并建立长效机制。2021年，财政性义务教育经费增加到2.29万亿元，占国家财政性教育经费投入的比例始终保持在50%以上。普通高中总体投入水平大幅提高，财政性教育经费投入提高到4 666亿元。国家连续实施普通高中改造计划和教育基础薄弱县普通高中建设项目，大幅改善了高中学校办学条件。

第三，教师队伍建设格局发生历史性变化。我国基础教育教师队伍规模日益壮大、结构日趋合理、素质显著提高，实现量质齐升。截至2022年底，我国共有基础教育专任教师1 610.47万人，较2012年增加了约370万人。其中普通高中教师213.32万人、义务教育教师1 065.46万人、幼儿园教师324.42万人、特殊教育教师7.27万人。基础教育阶段的生师比已经和经济合作与发展组织（OECD）国家持平。小学、初中、普通高中专任教师合格率分别达到99.99%、99.94%、99.03%。我国已建成全世界体量最大的基础教育教师队伍，有力地支撑起全世界规模最大的基础教育体系。

第四，综合治理深度推进，良好教育生态基本形成。近年来，国家出台了一系列政策举措保障基础教育回归学生身心发展规律。学前教育阶段，围绕破解"小学化"倾向，全国坚持学前教育内涵建设与事业发展同步推进，深入开展"小学化"专项治理，积极推进"幼小衔接"攻坚行动，不断完善学前教研体系，推动"以游戏为基本活动"有效落实，有力促进幼儿身心健康成长。义务教育阶段招生入学改革不断深化，择校热大幅降温，入学机会更加公平。"两为主、两纳入、以居住证为主要依据"的随迁子女入学政策不断完善，2022年，义务教育阶段随迁子女在公办学校就读和享受政府购买学位的比例达到了95.2%。另外，我国以前所未有的力度推进"双减"工作，大力规范校外培训，强化学校教育主阵地作用，学生过重的学业负担明显减轻。普通高中阶段，在一系列顶层设计的推动下，我国普通高中教育进入了新高考、新课程、新教材改革和质量评价改革协同推进的新阶段。课程标准取代考试大纲，全面引领高中教学；高中学业水平考试、高考选科制度、"选课走班"在促进学生全面而有个性发展方面发挥着越来越重要的作用，推动高中教育发生深刻变革。

二、基础教育大国建设的中国经验

改革开放40多年来，中国基础教育在取得跨越式发展的道路上，积累了许多优秀、鲜活的经验。这些经验是我国基础教育改革发展的宝贵财富，对世界教育而言也具有重要的启示意义。

第一，党和国家高度重视教育事业，始终把教育放在优先发展的战略位置。改革开放之初，教育理论界和实践界展开了一场关于"教育本质与职能"的讨论。经过广泛讨论，各界普遍认为，教育不仅与经济发展、科技进步、人力资源开发紧密联系在一起，而且是民生工程、文化建设的基础、民族振兴的基石。这场讨论从根本上改变了人们的教育功能观，也为确立教育在社会主义现代化建设中的战略地位作出了重要贡献。1987年，党的十三大报告提出"把发展科学技术和教育事业放在首要位置"。1992年，党的十四大报告明确提出"必须把教育摆在优先发展的战略地位"。此后一直到党的十八大，教育优先发展的战略地位从未动摇。党的十八大报告旗帜鲜明地提出，"教育是民族振兴和社会进步的基石。要坚持教育优先发展"。2016年9月9日，习近平总书记在北京市八一学校考察时强调："基础教育在国民教育体系中处于基础性、先导性地位，必须把握好定位，全面贯彻落实党的教育方针，从多方面采取措施，努力把我国基础教育越办越好。"2018年9月10日，党中央在京召开全国教育大会，习近平总书记在会上明确指出，教育是民族振兴、社会进步的重要基石，是功在当代、利在千秋的德政工程，对提高人民综合素质、促进人的全面发展、增强中华民族创新创造活力、实现中华民族伟大复兴具有决定性意义。教育是国之大计、党之大计。

除了重大会议，教育优先发展战略地位还体现在一系列关于教育的战略规划和政策行动中。1993年《中国教育改革和发展纲要》重申和延续了党的十四大提出的必须把教育摆在优先发展的战略地位。《国家中长期教育改革和发展规划纲要（2010—2020年）》提出，教育是民族振兴、社会进步的基石。党的十九大报告提出，"建设教育强国是中华民族伟大复兴的基础工程"。另外，国家每个"五年规划"对教育都作出了专门的谋划设计。财政支出也是教育优先发展实际行动的重要体现，改革之初，我国教育支出只有79.39亿元，到了2022年达6.13万亿元，增幅以百倍计，其中国家财政性经费超过4.85万亿元，教育总投入占国内生产总值比例达到4.01%。

第二，积极调动人民大众参与基础教育，形成全社会支持教育事业的磅礴力量。教育是全社会的事业，中国基础教育能取得如此成就，离不开人民的伟大力量。改革开放之初，中央和地方财政都很困难，难以完全保证教育事业发展的需要。在此背景下，我国创造性地提出了"人民教育人民办，办好教育为人民"的发展模式，并依靠人民群众的力量实现了"普九"目标。这个过程中出现的"希望工程""春蕾计划"等，如今已家喻户晓。除此之外，包括慈善人士捐建希望小学、农民工子弟学校等，都是人民大众参与教育事业的鲜活案例。1992年，党的十四大报告提出，鼓励多渠道、多形式社会集资办学和民间办学。2016年12月，《国务院关于鼓励社会力量兴办教育促进民办教育健康发展的若干意见》发布，积极引导社会力量举办非营利性民办学校。2021年，国务院审议并通过了《中华人民共和国民办教育促进法实施条例》，指出"各级人民政府应当依法支持和规范社会力量举办民办教育"。由此，在政策法规上形成了社会力量广泛支持教育发展的态势。

第三，加强教育法治建设，为教育改革发展构筑制度基础设施。1978年到1994年是我国教育法治建设的开端，这一时期共出台了三部教育法律，分别是1980年的《中华人民共和国学位条例》、1986年的《中华人民共和国义务教育法》和1993年的《中华人民共和国教师法》，从法律层面初步建立我国的学位制度、义务教育制度和教师制度。随后，1995年《中华人民共和国教育法》颁布，我国教育立法进入快速发展阶段。党的十八届四中全会提出了全面推进依法治国的方略，依法治教也被提上了新的战略高度。已经颁布施行的教育法律共有8部，加上16部教育行政法规、79部部门规章和200多部地方性法规和规章，共同构成了我国教育法律体系的基本框架。通过40多年的教育立法实践，一个以宪法教育条款为核心，《教育法》为母法，涵括教育法律、法规、规章、规范性文件的教育法制体系基本形成。除了教育立法更加成体系以及更具系统性外，我国教育行政逐步由政府主导过渡到依法行政和多元共治，教育司法的制度化保障也得到全面加强。

第四，始终把教师摆在重要位置，造就一支高素质专业化的基础教育教师队伍。教师是教育发展的第一资源。习近平总书记的重要论述中，对两项工作讲过"极端重要"，一个是意识形态工作，另一个是教师工作。全国教育大会确立的"九个坚持"，其中一个就是"坚持把教师队伍建设作为基础工作"。党的十八大以来，习近平总书记每年以不同形式支持教师节活动，就教师队伍建设作出了系列重要指示，提出了"四有"好老师、"四个引路人"、"四个相统一"、"大先生"、"教育家精神"等重要论述。习近平总书记系列重要讲话指示批示充分肯定了教师的重要的地位和作用，把教师工作的基础性、先导性、全局性地位和作用提升到空前高度。在以习近平同志为核心的党中央的高度重视和大力支持下，我国基础教育教师队伍建设的体制机制得到全面完善。

第五，实施教研制度，不断提高基础教育质量。在基础教育改革发展进程中，教研队伍发挥了重要作用。教研制度是我国基础教育的特色，也是教育改革和发展的创新，是提高基础教育质量的重要保障。我国教研制度的建立可以追溯到 20 世纪 50 年代。为保证教育质量，各地方教育局设立了教学研究室，简称教研室，从学校抽调一批优秀教师作为教研员，帮助学校教师研究教学大纲、统编教材，并指导教师开展集体备课。在当时师资条件有限的情况下，教研员队伍在保障课堂教学质量方面起到了关键作用。特别值得注意的是，上海等地中学生多次参加 OECD 实施的"国际学生评估项目"（PISA）测试，并以明显优势位居榜首，引起全世界的关注。多项国际研究表明，这一重要成绩的背后，离不开教研员队伍的突出贡献。教研制度一度受国外的热情追捧，可以说已经成为中国基础教育一面特色鲜明的旗帜。2019 年

11月,《教育部关于加强和改进新时代基础教育教研工作的意见》出台,明确提出要"进一步完善国家、省、市、县、校五级教研工作体系",继续加强教研队伍建设。

第六,坚持教育改革创新,攻坚克难,不断回应经济社会发展的新需要和人民群众日益增长的教育需求。随着经济社会的不断发展和人民群众教育需求的不断变化,基础教育改革发展的主题、重点也在与时俱进,唯有通过不断的改革创新,才能办好人民满意的教育。而中国作为世界上教育体量最大的国家,不同地区之间经济社会和基础教育发展水平差异很大,任何一项教育改革举措都面临"橘生淮南则为橘,生于淮北则为枳"的适用困境。为此,我国基础教育改革坚持"试点实验—逐步推广""摸着石头过河"的改革创新模式,将先进的教育理念在个别地区先行先试,在不断总结经验、纠正错误的基础上逐步扩大试点范围,成为我国基础教育改革创新的有效路径。中小学教师职称改革就是一个很典型的案例。我国中小学教师职称制度于1986年正式确立,经历20多年的实践,中小学教师职称制度出现了诸多不适应之处,改革的呼声也愈发强烈。2009年,我国开始了中小学职称制度改革工作,在山东潍坊、吉林松原、陕西宝鸡3个地级市先行试点。2011年试点地区扩大到全国的109个地级市。在广泛总结改革经验的基础上,2015年8月,人社部、教育部联合印发《关于深化中小学教师职称制度改革的指导意见》,以健全制度体系、完善评价标准、创新评价机制、实现评聘衔接为核心举措，在全国范围内推动职称制度改革。2016年以后，全国各地区的职称制度按照新的政策要求继续运行。

改革创新并非易事。在基础教育长期发展过程中不可避免地形成了特定的权力和利益格局，成为改革的保守力量和制约因素，但这些因素并未阻碍我国基础教育改革创新的步伐。以"双减"政策为例，在"双减"政策发布前，校外培训机构已经形成了相当大的规模，线下校外培训机构数量达到12.4万个，市值上万亿元，具有广泛的政策和社会影响力；校外培训机构拥有数量庞大的教师群体，加之广大家长和学生已经对校外培训产生依赖，形成了校外培训捆绑学校的权利格局，改革难度很大。但是，在党中央的领导下，"双减"的决策过程和执行过程并未出现博弈、妥协等现象，迅速取得了成效，校外培训机构得到了有序整顿。

三、加快建设教育强国背景下基础教育的时代议题与前瞻

党的二十大作出加快建设教育强国的战略部署。加快建设教育强国，成为我国基础教育改革发展的时代背景。2023年5月29日，习近平总书记在中共中央政治局第五次集体学习时指出，"建设教育强国，基点在基础教育"，明确了基础教育的战略使命。加快建设教育强国，给基础教育带来新的历史机遇，也提出了新的时代命题。

第一，基础教育要为实现第二个百年奋斗目标培养高质量的

杰出人才。中国建设教育强国是在前所未有的复杂国际形势下的战略选择。当今世界发展面临百年未有之大变局，国际竞争日益激烈。国际竞争说到底是人才的竞争，尤其是自主培养杰出人才的竞争，在这个过程中，基础教育的全局性、基础性、战略性作用愈发凸显，同时也对基础教育带来严峻挑战。

第二，全体人民共同富裕的战略目标对基础教育优质均衡发展提出新要求。全体人民共同富裕是中国式现代化的关键特征和本质要求，基础教育公平是促进全体人民共同富裕的前提和基础。2023 年，习近平总书记在中共中央政治局第五次集体学习时指出："缩小教育的城乡、区域、校际、群体差距，努力让每个孩子都能享有公平而有质量的教育。"实现全体人民共同富裕，对基础教育优质均衡走向纵深发展，提出更高要求。

第三，建设教育强国的艰巨、复杂任务迫切需要进一步激发基础教育办学主体的活力。建设教育强国的使命艰巨、任务复杂、要求多样，这既需要有科学的顶层设计和宏观布局，更需要教育事业的微观主体充满活力和创造力。可以说，全国 48.56 万所基础教育学校是建设教育强国的关键载体。教育强国建设的成效和质量的高低，在很大程度上取决于学校这一微观主体的质量和活力。

第四，科学技术迅猛发展，正在引发教育领域深层次的变革，基础教育必须有足够的勇气和能力迎接这场挑战。人工智能推动生产力的发展，必然改变生产、生活方式，也会深刻影响基础教育内容、方式和师生关系。以 ChatGPT 等为代表的生成式人工智能对基础教育带来的影响是不可抗拒的,基础教育学校如何顺应时代潮流,是当前不得不回答的重大命题。

从教育大国到教育强国是一个系统性跃升和质变。从基础教育大国走向基础教育强国,意味着基础教育的战略主题从规模扩大、结构完善、体系建构转向为中华民族伟大复兴提供基础支撑。牢牢把握基础教育的政治属性、战略属性、民生属性,以高质量的基础教育培养有能力参与全球竞争、适应甚至引领科技变革、担当中华民族伟大复兴战略使命的杰出人才,是建设教育强国阶段基础教育的战略主题,也是我国建设基础教育强国的战略主题。

第一,全面加强党对基础教育的领导,以政治势能推动复杂形势下的系统变革。中国建设基础教育强国的形势是极其严峻的,中华民族伟大复兴战略全局和世界百年未有之大变局相互激荡,现代化经济转型升级对基础教育提出迫切需求,人民群众对基础教育的期盼不断提高,基础教育自身改革发展面临深层体制机制障碍。中国所处的历史阶段和战略形势决定了,依靠常规的、滑行式的发展已经不可能实现基础教育强国战略的目标。在此背景下,必须依靠党的领导,以党的最高权威总揽全局、协调各方。在中国,只有党才能发挥这样的核心领导作用,促使各部门充分认识到基础教育作为教育强国基点的战略意义,充分调动全社会资源,为基础教育强国建设提供根本的政治保障。

第二，深刻认识杰出人才培养的理论和政策逻辑，实现"杰出"和"公平"的辩证统一。杰出人才自主培养是基础教育强国的关键特征，这里需要关注两个不同的维度：一方面，杰出人才是极少数的，对国家乃至全人类有巨大贡献；另一方面，创新人才是大众的，创新能力是可以培养的，学校有责任培养每个孩子的创新意识、创新能力。一般而言，少数的杰出人才是在大量创新人才基础上脱颖而出的。在建设教育强国的历史阶段，中国培养杰出人才不应把少数有天赋的学生和多数学生区别开来，不应强调英才儿童的单独培养，这种理念很容易演变成"重点学校""重点班级"等有违教育规律的现象。有特殊天赋的孩子往往也伴随着特殊的个性，孤立培养很难让他们真正实现身心健康成长。应在培养所有孩子创新意识、创新能力的基础上，让少数英才儿童在自然的成长情境中脱颖而出。

第三，强化基础教育实现共同富裕的制度功能，实现中国特色社会主义的本质要求。由于每个家庭、每个孩子的天赋和努力程度不同，一个社会逐渐出现阶层分化是世界范围内的普遍现象。基础教育在这个过程中起到的作用应该是促进阶层流动和社会公平。但是，西方很多国家由于出现公共教育洼地、校外培训盛行等原因，导致优势阶层的家庭很容易将财富、权力、声望等资本转化为子女获取优质教育资源的便利，这就使一些国家的基础教育演变成复制社会阶层的制度安排。中国式现代化是全体人民共同富裕的现代化，共同富裕是中国特色社会主义的本质要求。我们必须时刻牢记，中国建设基础教育强国和很多西方国家有着本质区别，通过教育公平实现社会公平，是我们的核心目标。为此，要更大力度地实现优质教师资源的均衡配置，消除县域内、市域内甚至省域内基础教育学校的质量差异，让每个孩子不论家庭出身、天赋和所处地域有何差异，都能接受优质的基础教育，都有人生出彩的机会。

第四，将基础教育治理重心转向基层，充分激发办学主体创新活力。不断向学校下放办学自主权是各国发展基础教育的共同趋势。这有利于激发学校办学活力，转变人才培养观念、改革教育内容和教学方式。有的国家注重发挥自身统筹各方资源的优势，联手社会、企业、学校共同推进教育发展。如日本、新加坡、韩国等国家，以政府为主导，推动政产学一体、银企互促，充分挖掘企业、银行的资金、人才需求信息、人才培训场所等资源，激发全社会共建教育体系的活力。当前我国基础教育学校办学自主权受到诸多制约，是影响办学质量和活力的关键因素。应进一步将学校管理事权、人事权和经费统筹权、课程管理权下放到学校，促使学校实现自主治理，形成人财事权统一、权利责任匹配的学校治理结构，不断激发学校办学活力。

第五，积极应对技术变革，使技术成为基础教育跨越发展的新动力。生成式人工智能等新技术的出现，在颠覆人们原有教育想象的同时，也为基础教育领域的深度变革提供了重要的外推力，带来了全新的机遇和可能性。人工智能时代，基础教育需重点解决好三个问题。一是认识问题。广大教师要深刻理解新技术的优势，也要认识其中的风险，既不能拒绝也不能盲目使用。二是技术问题。人工智能等新技术发展快速、产品更新迭代快，很多教师尤其是年龄较大的教师，或多或少还存在使用困难的问题，因此需要在新技术的应用方面加强对教师的培训。三是要专注培养学习者的高阶认知思维和社会情感能力。为了适应未来人机协同社会的发展，人才培养的重点应放在无法被智能机器取代的人类"特质"上。着重培养批判性思维、创新能力、自主学习能力、团队合作能力、跨文化沟通能力等高阶认知思维，以及被传统教育忽视的道德、情感、审美等软素养，培养学习者有效利用智能机器的能力和素养，如计算思维和人机协同素养等，将显得尤为重要。

［原文载于《中国教育学刊》2024年第6期，略有修改。作者：顾明远/中国教育学会名誉会长，北京师范大学资深教授；李廷洲/上海师范大学国际教师教育中心（联合国教科文组织教师教育中心）研究员］

教育对外开放与中国式高等教育现代化

  教育对外开放既是推进中国式高等教育现代化的重要手段，也是中国式高等教育现代化的组成部分。全面建成社会主义现代化强国，实现第二个百年奋斗目标，以中国式现代化全面推进中华民族伟大复兴，是党的二十大明确提出的中心任务。[①] 高等教育是国家发展水平和发展潜力的重要标志，也是建设教育强国的龙头和重要支点，能够为实现现代化强国目标提供重要的智力支持。而在推动中国式高等教育现代化的进程中，教育对外开放始终扮演着重要角色。明确教育对外开放之于中国式高等教育现代化的价值意蕴，凝练出中国式高等教育现代化进程中教育对外开放的基本特征，并进一步阐述教育对外开放助力中国式高等教育

[①] 习近平．高举中国特色社会主义伟大旗帜 为全面建设社会主义现代化国家而团结奋斗：在中国共产党第二十次全国代表大会上的报告．中国政府网，2022-10-16．

现代化的世界意义，对于推进中国式高等教育现代化理论建设与实践发展均有着重要的意义。

一、教育对外开放之于中国式高等教育现代化的价值意蕴

对外开放是中国的基本国策，教育对外开放则是中国式教育现代化的基本举措。在中国式高等教育现代化进程中，教育对外开放发挥着重要的作用。

第一，教育对外开放为中国式高等教育现代化提供了强大的智力支持。中国高等教育对外开放的早期形式是对外派遣留学生。1978年第一批被派遣出国的52人中，归国后17人成为院士。据不完全统计，改革开放40多年来，中国留学生的足迹已遍布世界100多个国家，70%以上的"985"高校校长、90%以上的长江学者，都曾求学于海外；81%的中国科学院院士、54%的中国工程院院士、72%的国家"863"计划首席科学家均为留学归国人员。[①] 同时，我国从中央到地方，乃至到高校，都积极主动在全球范围内实施优秀人才引进计划，打造全球英才聚集地，吸引了大批外国专家与外籍教师来华发展。时至今日，无论是留学归国人员，还是外国专家与外籍教师，都在服务高校人才培养、国际科研合作、中外人文交流，以及增进我国和世界人民之间的

---

① 追寻教育对外开放的历史印迹. 教育部网站，2018-10-16.

了解与友谊等方面发挥了重要作用。

第二，教育对外开放为中国式高等教育现代化奠定了坚实的资源基石。随着教育对外开放形式的不断丰富、范围的不断拓展，我国的高等教育系统还积极接触并利用世界一流高等教育资源，借鉴和吸收先进办学理念与人才培养模式、课程教材与辅导材料、教学技术与手段等，自主培养了一大批具有国际视野、拥有核心竞争力的人才。而中外科研工作者的学术交流、资源共享和合作研究，则极大促进了我国高校科研水平和自主创新能力的提升。

第三，教育对外开放为中国式高等教育现代化提供了国际坐标。中国式高等教育现代化是面向世界的现代化。中国式高等教育现代化不仅是中国的内在需求，也是与世界融通共进的过程。毋庸置疑，"中国式"这一创新提法并非凭空产生，而是根植于历史经验的积累，形成于对全球各国高等教育现代化进程的深入考察、研究和比较之中。显然，教育对外开放在其中发挥了不可替代的作用。同时，教育对外开放也为中国式高等教育现代化的发展成果提供了展示窗口，使中国高等教育走上了全球教育舞台，不断更新世界对中国高等教育的认识和理解。

第四，教育对外开放为中国参与全球教育治理搭建了桥梁和平台。例如，鼓励高校海外办学，向国际组织输送优秀人才，积极参与国际高等教育规范和标准的研究、制定和落实等一系列举措，使得我国能够向世界教育发展贡献中国智慧、中国方案，丰富世界高等教育现代化的理论和实践经验，以共同应对全球挑战。

总体而言，教育对外开放是"中国的世界"与"世界的中国"走向交汇的重要基点，在中国式高等教育现代化的进程中扮演着多重且关键的角色，能够推动中国式高等教育现代化朝着更加开放、包容、合作的方向迈进。

二、中国式高等教育现代化进程中教育对外开放的基本特征

教育对外开放既是推进中国式高等教育现代化的重要手段，也是中国式高等教育现代化的组成部分。因此，中国式高等教育现代化进程中的教育对外开放必然有着鲜明的"中国式"特征。

（一）强调"以我为主"，永葆教育对外开放的中国底色

1980年，邓小平同志在会晤世界银行时任行长罗伯特·麦克纳马拉（Robert McNamara）时特别强调："中国注定要走现代化和经济发展的道路。有了世界银行的帮助，中国可以更快地实现这个目标。如果没有世界银行的帮助，那么中国自己也可以，只不过花费更多的时间。"[1] 这段话充分体现了对外开放在中国式现代化中的定位，即中国需要对外开放来促进自身现代化，但基本

---

[1] Indermit S. Gill, Todd Pugatch. *At the Frontlines of Development: Reflections from the World Bank*. World Bank Press, 2005: 94.

前提是"以我为主"。1981年，尽管世界银行和中国政府在确定贷款项目的优先领域上意见相左，但中国政府坚持了自己的意见，成功说服世界银行同意在高等教育领域开展第一个贷款项目，并在此后获得了世界银行对中国高等教育的大量援助资金。[①]坚持"以我为主"，是中国式高等教育现代化的基本特征，也是我国教育对外开放工作的基本原则和立场。概括来讲，主要体现在以下两个"坚持"上。

1. 坚持走中国特色社会主义道路

一是始终坚持中国共产党对教育对外开放工作的领导。中国特色社会主义最本质的特征是中国共产党领导。在教育对外开放战略和工作部署上，中国共产党总揽全局、协调各方，注重顶层设计。改革开放以来，党和政府就出国留学人员教育、高层次留学人才、来华留学生、留学中介、港澳台学生、提高留学教育质量等问题发布了系列文件。[②]十八大以来，党中央更是高度重视教育对外开放工作。2016年，中共中央办公厅和国务院办公厅联合印发《关于做好新时期教育对外开放工作的若干意见》，对教育对外开放工作作出系统安排。随后，教育部积极响应"一带一路"倡议，印发《推进共建"一带一路"教育行动》。2020年，教育部等八部门联合印发了《关于加快和扩大新时代教育对外开

---

① 沈蕾娜.隐形的力量：世界银行的高等教育政策及其影响.北京：高等教育出版社，2011：64.

② 徐小洲.我国高等教育对外开放的成就、机遇与战略构想.高等教育研究，2019（5）：1-9.

放的意见》。2023年，中共中央政治局第五次集体学习时，习近平总书记在会上强调，要在坚持扩大教育对外开放不动摇的同时，深入贯彻总体国家安全观，把牢教育对外开放正确方向和安全底线。[1] 高等教育是教育对外开放工作的重点领域，党的领导从根本上保证了这一工作始终坚持社会主义办学方向。二是注重发挥教育对外开放工作在社会主义国家建设中的助推作用。新中国成立以来，我国的高等教育对外开放战略、政策随着国家的发展需要，不断适时地调整、丰富和完善，但服务社会主义国家建设的宗旨始终不变。70多年来，留学人员群体在我国现代化建设进程中发挥了积极作用，提高了人才培养质量，优化并提升了科技创新能力，孕育并涵养了学术骨干队伍，强化并拓展了国际学术交流，参与并推动了国家全面建设，影响并提升了中华民族形象，持续并延展了人文互鉴合作，启发并加快了教育体制改革，助力了国家外交活动。[2] 习近平总书记在中央人才工作会议上进一步强调，加快建设世界重要人才中心和创新高地，加强人才国际交流，用好用活各类人才，把各方面优秀人才集聚到党和人民事业中来。[3] 由此可见，我国始终强调发挥教育对外开放工作在社会主义国家建设中的助推作用。

2. 坚持立足于中华优秀文化

在以教育对外开放推动中国式高等教育现代化的进程中，我

---

[1] 习近平. 扎实推动教育强国建设. 求是网，2023-09-15.
[2] 出国留学 培养有家国情怀国际视野的建设人才. 教育部网站，2019-09-27.
[3] 习近平总书记：加快建设世界重要人才中心和创新高地. 求是网，2021-09-29.

国高度重视立足于中华优秀文化进行融合与创新。一方面，我国高等教育在"引进来"的过程中充分体现了中华文化的强大包容性和统合力。中国文化具有吸收各种异质文化并使之有机地与本民族文化相结合的特性。[①] 新中国成立以来，我国不断学习发达国家高等教育发展经验，努力追赶世界一流，但从未彻底抛弃自己的传统，如高考制度。另一方面，我国高等教育在"走出去"的过程中，强调突出"中华精神"与"中华标识"。例如，当前我国高校境外办学主要有孔子学院（课堂）、鲁班工坊和海外分校三种形式。其中，孔子学院（课堂）已发展成为汉语教学推广与中国文化传播的全球品牌和平台；鲁班工坊和海外分校，通过在合作国输出中国优质教育和产品技术，以及开设中国文化课程和开展高级技能培训等，实现了以中华优秀文化为精神内核的中国标准、中国方案的整体输出。可以说，我国的高等教育对外开放通过传承和发扬中华优秀文化，培植了高等教育现代化的中国精神与中国性格。

（二）坚持"人民至上"，以开放促进高等教育优质公平

在高等教育对外开放中，我国一直秉持以人民为本，努力使国际优质教育资源供给从面向少数群体的"精英模式"转向大众化，确保高等教育对外开放的成果惠及更广泛的人民群众。

---

① 顾明远. 中国教育的文化基础. 太原：山西教育出版社，2018：54.

1. 加大留学教育支持力度，拓宽师生境外学习交流渠道

一方面，不断加强出国留学教育管理体系建设。尤其是不断更新完善出国留学工作方针，从"支持留学、鼓励回国、来去自由"，发展到"支持留学、鼓励回国、来去自由、发挥作用"，为出国留学教育政策的制定与完善提供了基本方向。在组织方面，教育部不断建立健全组织机构，如 1978 年增设留学生管理司、1996 年成立国家留学基金管理委员会等。在政策方面，自 1978 年拉开大规模派遣留学人员的序幕以来，我国就出国留学人员教育相关问题出台了大量政策文件。尤其是进入 21 世纪后，自费出国留学限制被彻底废除，公派出国留学政策在培养高层次留学人才方面持续发力，面向全民的出国留学教育政策体系建设成效显著。另一方面，持续加大对出国交流学习的资助力度。改革开放以来，我国对留学教育的资助从无到有、额度从少到多、范围从窄到宽，保障与促进了留学教育的快速发展。针对自费留学教育的发展，政府也充分发挥奖学金的引领作用，引导更多学生出国留学；同时，加大对优秀自费留学生的资助力度，促进留学质量的提升。此外，全国众多高校设置了丰富的出国交流学习助学金项目，资助学生出国（境）短期交换、参加国际学术交流活动等。在一系列政策和大量资金的支持下，我国的出国留学教育和跨境学习交流获得了长足发展。据统计，1978—2019 年，各类出国留学人员累计达 656.06 万人，其中 165.62 万人正在国外进行相关阶段的学习或研究，490.44 万人已完成学业。[①] 公派留学的

[①] 2019 年度出国留学人员情况统计. 教育部网站，2020 - 12 - 14.

教育对外开放与中国式高等教育现代化

领域和项目覆盖面也越来越广，国际组织人才培养项目、国家建设高水平大学公派研究生项目、国外合作项目等高层次、以国际科研交流和国内学科建设为导向的公派留学项目发展迅猛，增速远超传统的公派本科或硕士留学项目，公派留学生层次越来越高。[①]

2. 推动在地国际化发展，扩大国际优质教育资源供给

尽管跨境流动被认为是推动教育对外开放的有效策略，但也受制于教育资源及经济资本，从而在人才培养规模、教育公平以及教育质量等方面存在天然的不足。与传统国际化模式不同，在地国际化作为一种替代方案，强调"立足本土本校""面向全体学生""有效提升全体学生国际化水平和跨文化素养"等。[②] 换言之，在地国际化模式能够惠及绝大多数学生，使全体学生相对公平地享受优质高等教育机会和资源。为推进高等教育在地国际化实践，我国在宏观领域积极强化政策导向，着力构建系统规范的政策环境和财政支持体系。尤其是《关于加快和扩大新时代教育对外开放的意见》提出聚焦服务国家重大发展战略，支持打造教育对外开放新高地，支持粤港澳大湾区建设国际教育示范区，支持长三角地区率先开放、先行先试，支持雄安新区打造教育开放新标杆，支持海南建设国际教育创新岛。[③] 在实践层面，我国也进行了丰富探索。一是积极促进线下课程国际化，使高校课程内

[①] 王辉耀，苗绿. 中国留学发展报告（2022）. 北京：社会科学文献出版社，2022：6.
[②] 张伟，刘宝存. 在地国际化：中国高等教育发展的新走向. 大学教育科学，2017（3）：10-17.
[③] 加快和扩大新时代教育对外开放的意见. 教育部网站，2020-06-23.

容与国际接轨。二是落实推进高等教育在线学习平台建设，打破时空的限制。如教育部指导并推出的"爱课程"和"学堂在线"两个高校在线教学国际平台，已免费向国内外学习者提供900余门多语种课程资源和必要的教学服务。[①] 三是充分利用丰富的非课程资源，如许多高校每年邀请大批国际学者来华讲学、研究、参加学术会议，还设置国内外学生结对项目等。四是积极发展中外合作办学，包括高校通过签订协议建立合作办学机构、与外方高校签署学分互认协议等。尤其是中外合作办学，以引进境外优质教育资源为主要特点，丰富了国内多样化教育资源供给，实现学生"不出国的留学"。

（三）秉持"胸怀天下"，积极参与全球高等教育治理

在高等教育现代化进程中，我国积极参与全球高等教育治理，且尤为重视与其他发展中国家的高等教育交流合作，为构建人类命运共同体贡献力量。

1. 推进"一带一路"教育共同体建设

"一带一路"倡议是中国根据全球形势深刻变化、统筹国际国内两个大局做出的重大战略决策，也是目前前景最好的国际合作平台。[②]《推进共建"一带一路"教育行动》发布后，"一带一路"教育共同体建设成为中国高等教育对外开放的一个优先领

---

① 加强国际交流与合作 引领新数字时代高等教育创新：世界慕课联盟成立一周年发展综述. 教育部网站，2021-12-10.

② 郑永年. "一带一路"是可持续的公共产品. 中国一带一路网，2017-04-16.

域。在教育部的总体布局下，我国与"一带一路"共建国家的教育合作聚焦教育互联互通、人才培养培训合作以及丝路合作机制三大重点领域，"丝绸之路"留学推进计划、合作办学推进计划、师资培训推进计划、人才联合培养推进计划、教育援助计划五大计划，以及机制平台建设，促进了民心相通、人才培养和共建国家教育的共同发展。截至2020年，中国44所高等学校赴"一带一路"沿线地区创办了28个境外办学机构、开展了47个项目，涵盖23个"一带一路"沿线国家。[①] 截至2023年6月底，我国已与45个共建国家和地区签署高等教育学历学位互认协议。[②] 此外，通过设立"丝绸之路"中国政府奖学金等举措，我国还吸引了大量"一带一路"沿线国家学生来华留学，为沿线国家的高层次人才培养做出了重要贡献。

2. 开展"南南"高等教育合作

作为世界上最大的发展中国家、"全球南方"大家庭的一员，我国一直积极推动"南南合作"，尤其是高等教育领域的合作，为促进发展中国家共同发展贡献了力量。以中非合作为例，2009年，我国在中非合作论坛上提出加大中非教育合作力度，实施"中非高校20＋20合作计划"。2015年，南非在非洲国家中率先同中国签署共建"一带一路"合作谅解备忘录，开启了与中国教

[①] 关于政协十三届全国委员会第三次会议第0184号（教育类012号）提案答复的函. 教育部网站，2020-12-8.

[②] 李盛兵."一带一路"教育合作十周年：回顾与展望. 光明日报，2023-10-19(14).

育合作和交流的新篇章。2018年，中国在"北京行动计划"中重申致力于增强非洲国家的人力资源能力建设，实施"非洲人才计划""头雁计划"等，承诺为非洲培训各类人才并提供上万个政府奖学金名额。[1] 值得一提的是，中非高等教育合作与交流如今已逐渐从单向的对非援助发展为全方位的双向合作与交流，合作内容从学校援建、提供教育设施、接收公费留学生和短期培训等，向中非联合开展研究计划、建立学位互认的学生交流机制等转型，逐渐形成多层次、多领域、多形式的国际合作与交流新局面。[2]

3. 加强与国际组织的交流合作

一方面，我国不断深化与联合国教科文组织等多边国际机构的合作，以亚太经合组织、上海合作组织等区域合作组织为重点，积极参与国际高等教育标准和规则的研究、制定和落实。[3] 例如，参与《承认高等教育相关资历全球公约》等重要国际规则制定工作，推动落实联合国教科文组织《亚太地区承认高等教育资历公约》，与英国高等教育质量保障机构（Quality Assurance Agency for Higher Education）等开展跨境教育质量认证与保障的合作。另一方面，不断加大对国际组织人才培养和选送的力度。

---

[1] 中非合作论坛—北京行动计划（2019—2021年）. 中华人民共和国商务部网站，2018-09-05.

[2] 楼世洲. 从援助走向合作：基于"中非大学20＋20合作计划"的分析. 比较教育研究，2014（5）：1-5.

[3] 徐小洲，阚阅. 跨入新全球化——新时期我国教育对外开放的挑战与对策. 教育研究，2021（1）：129-137.

近年来，我国高度重视国际组织人才培养工作，并在国内中长期人才发展规划中明确支持和推荐优秀人才到国际组织任职。在实践层面，包括搭建国际组织人才信息服务平台和开展国际组织后备人才推送与培养项目等。比如，国家留学基金管理委员会设立并实施了国际组织实习项目、国际组织后备人才培养项目等，旨在提升我国高校国际化人才培养能力。此外，越来越多的高校对国际组织人才培养进行了实践探索。

三、教育对外开放助力中国式高等教育现代化的世界意义

置身世界百年未有之大变局，中国式现代化深刻改变了人类文明进程。正如党的十九届六中全会审议通过的《中共中央关于党的百年奋斗重大成就和历史经验的决议》所指出的："党领导人民成功走出中国式现代化道路，创造了人类文明新形态，拓展了发展中国家走向现代化的途径，给世界上那些既希望加快发展又希望保持自身独立性的国家和民族提供了全新选择。"同样，通过中国式教育对外开放，中国高等教育实现了现代化，探索出一条符合中国国情的教育发展道路，并为世界各国提供了重要的启示。

（一）为各国推进"负责任的国际化"提供新的实践样态

教育对外开放是世界发展趋势。然而，开放、合作在给各国带来机遇的同时，也会带来一些国家安全方面的风险。因此近年

来，各国尤为关注如何在教育对外开放与国家安全间寻求平衡，推进"负责任的国际化"（responsible internationalisation）[①]。中国以教育对外开放助力中国式高等教育现代化的探索，能为世界各国推进"负责任的国际化"提供一种新的实践样态。

一方面，坚持"以我为主"的基本立场，牢牢掌握教育对外开放的主动权。这主要体现在两个方面。一是保证政党的稳定支持，引领教育对外开放的基本方向。稳定的政党领导和支持，意味着稳定的国内发展环境。这对于推进高水平教育对外开放来说是必不可少的条件。回顾历史不难发现，正是在中国共产党一以贯之的领导下，中国才始终牢牢抓稳了教育对外开放的"方向盘"，实现了以对外开放促国内发展，以自我发展联动世界发展。二是坚持立足本国国情和文化传统。基本国情是教育的现实土壤，而文化传统是一个民族的根与魂。在以教育对外开放推动高等教育现代化的进程中，中国的重要经验就是扎根中国大地，高度重视优秀文化的传承，最终形成自己的独特优势和品格。可以说，无论是发达国家还是发展中国家，都只有坚持"以我为主"的基本立场，牢牢掌握主动权，才能高效推动高等教育现代化进程，避免陷入"依附型"对外开放的被动局面。

另一方面，秉持美美与共的世界胸怀，在教育对外开放中强调共建、共治、共享。有些发达国家的教育对外开放实践，尽管

[①] Jan Petter Myklebust,"Security vs openness: Towards responsible internationalisation," *University World News*，2023-09-22.

对全球产生了积极影响，但也加剧了全球高等教育的不平等现象。因为其模式主要以资本的商业逻辑为导向，形成了单向强势输出的趋势，同时产生了明显的"虹吸效应"。这种模式显然难以为继。尤其是在印度、非洲、南美洲等地，以欧洲教育对外开放为代表的模式越发受到批判，甚至被指责为一种"新殖民主义"。相比之下，中国的教育对外开放主张共同发展。尤其是在人类命运共同体理念的引导下，中国的教育对外开放从政策法规到实践层面的国际合作项目，都十分强调多元、平等与共享。这不仅是中国式高等教育现代化成功的重要因素，也是其他国家在推动本国高等教育现代化发展时值得借鉴的要点。

（二）鼓舞其他发展中国家以开放姿态探索高等教育现代化

毋庸置疑，中国式现代化所取得的巨大成就已受到其他广大发展中国家的关注，并对这些国家产生了强大的示范效应。就高等教育领域而言，对于以教育对外开放助力中国式高等教育现代化的成功实践，更为可贵的意义在于，能够在认知层面激励其他发展中国家以开放姿态探索高等教育现代化发展道路。

作为典型的后发外生型国家，中国的教育现代化之路并非一帆风顺。从清末民初睁眼看世界的"学西方"，到中华人民共和国成立后一边倒"学苏联"，再到改革开放后"再学苏联和西方"，直到提出"中国式教育现代化道路"，在中国共产党的领导下，才彻底摆脱了教育现代化对外来教育的依附，成功走出一条有别于西方现代化的中国式教育现代化道路。① 在此过程中，尽管面临严峻的外部环境，但中国仍然保持和平发展、对外开放的格局，努力以自身的发展惠及世界，引领世界教育的发展。这一历程虽然漫长而充满挑战，却能够引起其他发展中国家的共鸣。

同时，中国以一个"创新者"的形象出现，鼓舞其他发展中国家消除对开放和创新的恐惧，让其看到开放和创新的可能性，进而激发探索本国高等教育现代化特色道路的勇气。要理解这一"创新者"形象之所以能够鼓舞其他发展中国家，必须回溯到中国式教育现代化的方法论创新上。中国式教育现代化的理论与实践创新并非全盘否定式的创新，而是"以我为主"，保持开放姿态，充分立足于批判扬弃基础上的创新与超越。中国式现代化是马克思主义基本原理与中国具体实际相结合、与中华优秀传统文化相结合的产物，同时借鉴吸收了人类多种文明成果，但拒绝简单移植照搬，并从中国现代化的实践探索中不断寻求理论升华。毫无疑问，这种方法论上的创新，既汲取了各方的长处，又紧密贴合实际，为发展中国家奠定了探索理论和实践创新之路的坚实基础。同时，它也能帮助更多国家理性地看待西方现代化发展模式，进而增强创新和开放的信心与决心。

（原文载于《高等教育评论》2024年第1期。作者：顾明远，宋瑞洁/北京师范大学国际比较教育研究院博士研究生，丁瑞常/北京师范大学国际与比较教育研究院副教授）

---

① 张志勇，袁语聪. 中国式教育现代化道路刍议. 教育研究，2022 (10)：34-43.

没有乡村教育的现代化，就没有全国教育的现代化

习近平总书记在二十届中共中央政治局第五次集体学习时指出，建设教育强国，是全面建成社会主义现代化强国的战略先导，是实现高水平科技自立自强的重要支撑，是促进全体人民共同富裕的有效途径，是以中国式现代化全面推进中华民族伟大复兴的基础工程。党的十八大以来，我国教育有了很大的发展，儿童不会因为经济问题上不了学。现在是要从"有学上"向"上好学"转变，使每个儿童享受公平而有质量的教育。

在教育发展过程中，乡村教育仍是发展中的短板。由于地理环境、经济发展水平、文化习俗等因素，乡村教育长期处于思想封闭、观念陈旧、方法落后的状态。21世纪以来，随着我国经济快速发展，全国实现脱贫，乡村发生了深刻的变化。一部分乡村在乡村振兴计划中发展起来，大部分乡村人口向城镇转移。据

《中国主要城市建城环境密度报告》，我国城镇化率已达65.22%，城镇化的趋势还将继续，同时，人口下降，2022年就比上年减少85万人。在这种形势下，乡村教育怎么发展，值得我们认真思考和规划。但无论如何，乡村教育的发展仍然是当前我国教育发展中要关注的重点。实行教育城乡一体化，促进教育公平，提高教育质量，重点在乡村。没有乡村教育的现代化，也不会有全国的教育现代化。

乡村教育发展需要同当地经济社会的发展和乡村的规划结合起来。首先，乡村的振兴要靠人才。乡村要发展现代农业和其他产业，需要大批具有科学技术知识和能力的新式农民，还需要有产业管理、农业科技、乡村治理等人才。人才要靠教育来培养。其次，乡村教育主要是基础教育。乡村教育要为高等教育输送优秀生源，提高高等学校乡村子弟的比例，为社会主义建设培养创新人才。最后，一部分毕业生可能直接到城市打工，乡村教育也需要为他们打好知识、品德等方面的良好基础，使他们将来有进一步学习和发展的空间。

如何开展乡村教育？中国现代教育先驱陶行知先生特别关注乡村教育。他怀着大爱的精神，推行乡村教育。他曾说："我们中国的根本问题，便是中国乡村教育之根本改造。"他提倡"生活教育"，主张"社会即学校""教学做合一"。他还说："活的乡村教育要用活的环境，不用死的书本，他要运用环境里的活势力，去发展学生的活本领……"这些主张对于今天的乡村教育仍

> 没有乡村教育的现代化，就没有全国教育的现代化

有现实意义。乡村有丰富的教育资源，有青山绿水、多样生物、农牧生产、文化习俗、非遗传统等。乡村学校要利用这些资源培养学生的爱国情怀、劳动本领。

南京乡村的行知小学，就是一所践行陶行知教育思想的学校。校长杨瑞清，1981年毕业于南京晓庄师范，放弃留在城市的机会，志愿到偏僻的乡村小学任教，后来担任校长，践行陶行知乡村教育思想。行知小学是我国最早开办的行知班和江苏省第一所行知小学，是我国开展最早、实验最长的践行陶行知乡村教育思想的教育改革实验活动。杨瑞清校长以陶行知"爱满天下"的精神，怀着改变乡村教育落后面貌的情怀，坚持扎根乡村40年，以陶行知为师，开展各种教育教学实验，建立村校合作的机制，充分利用乡村的资源，开办行知班，把劳动教育作为促进学生全面发展的基石，培养了大批优秀毕业生。1994年创建了行知基地，接待南京市大批学校学生走进乡村，在基地"学习农业科技""了解农村建设""体验农民生活"。行知小学申报的"大情怀育人，扎根乡村40年的行知教育实践"项目荣获2022年基础教育国家级教学成果奖特等奖，为实现我国乡村教育现代化树立了一面旗帜。

（2023年8月15日）

新时代基础教育的使命与担当

当前全国都在学习贯彻党的二十大精神。习近平总书记在二十大报告中总结了十九大以来党和国家事业所取得的辉煌成就，提出了今后实现第二个百年奋斗目标、以中国式现代化全面推进中华民族伟大复兴的宏伟目标和任务。要实现第二个百年奋斗目标和中华民族伟大复兴，人才是关键，教育是基础。习近平总书记在报告中说："教育、科技、人才是全面建设社会主义现代化国家的基础性、战略性支撑。""要坚持教育优先发展、科技自立自强、人才引领驱动，加快建设教育强国、科技强国、人才强国。"进一步明确了新时代教育发展的战略地位，为教育发展指明了方向。现在在校学习的学生正是实现这一目标的新生力量。我们要奋进新时代，把学生培养成有爱国情怀、真实本领、勇于担当、敢于创新的德智体美劳全面发展的社会主义建设者和接班人。

教育大计，教师为本。2022年教育部等8部门印发《新时代基础教育强师计划》，提出要着力推动教师教育振兴发展，努力造就新时代高素质专业化创新型中小学教师队伍，为加快实现基础教育现代化提供强有力的师资保障。这是落实习近平总书记提出的"坚持把教师队伍建设作为基础工作"的重大举措，是实现基础教育现代化的最有力保障。

要把强师计划落到实处，就要做好下面几点：

第一，要把师德师风建设放在第一位。立德树人是教育的根本任务，只有具有高尚思想道德品质的教师才能培养有思想道德品质的学生。我把师德归纳为容易记住的四个字"敬业爱生"。敬业就是要愿意当老师，热爱教育工作，"衣带渐宽终不悔"这是当好老师的前提。爱生就是热爱学生，坚持"儿童第一"，热爱每一个学生，尊重每一个学生，相信每一个学生。师德重在建设，师范院校要把思想政治教育和专业思想教育放在最重要的位置，提高师范生的理想信念、专业思想、道德修养。在职教师要不断学习、勤于钻研、敢于创新，不断提高自身的文化素养，长见识、出智慧，逐渐成长为一名优秀教师。

第二，努力推进教师教育体系"迭代升级"。强师计划提出"健全中国特色教师教育体系"。党的十八大以来，以习近平同志为核心的党中央特别重视教师队伍建设。2018年，中共中央、国务院印发《关于全面深化新时代教师队伍建设改革的意见》提出，要培养造就高素质专业化创新型教师队伍。当前，我国1 586万基础教育教师从学历要求来讲基本上已经达标，但教书育人的能力有待提升。

培养高素质专业化创新型教师队伍，师范院校有不可推卸的责任。要建设中国特色的教师教育课程体系，把思想政治教育和师德教育放在首位，强化专业教育，坚持理论联系实际，加强教育实习。同时，以县级教师发展机构为纽带，以优质中小学为实践基地，与师范院校一起成为培养高素质专业化创新型教师的摇篮、在职教师成长发展的家园，培养出一批高层次中小学教师和教育领军人物，共同建设中国特色教师教育体系。

第三，要特别重视农村地区教育的发展，特别要加强农村地区的教师队伍建设。农村教育是我国教育发展的短板，有些地方少数教师质量还不达标，有些地方教师待遇还不能得到很好的保障，很难招聘到优秀教师。现有教师水平不高、观念落后、方法陈旧，教育质量不能保证。没有农村教育的现代化也就没有中国教育的现代化。落实强师计划，首先要解决农村学校教师的保障问题。一方面要继续提高当地教师待遇，给予更具吸引力的区域性补贴；另一方面要为当地教师专业发展提供更多平台和空间，使他们有事业的成就感和幸福感。

同时，要把城市的优质教育资源输送到农村。国家建立了智慧教育平台，汇集了大量优质资源，教师可以通过智慧教育平台自主学习，开展校本教研，还可以通过市县或学校一对一帮扶农村教师提高专业水平，发挥名师工作室的作用，把农村教师吸收到工作室，与优秀教师共同钻研课程教材，共同备课，不断提升农村教育质量。特别是利用现代化信息技术把优质教育资源输送到农村。

教师要奋进新时代新征程，为实现教育现代化而努力！

（本文为在福建德旺基础教育研究院基础教育研讨会上的发言）

新时代比较教育面临的挑战与使命

一、比较教育由"西方中心主义"向全球化转变

比较教育自产生至今已有200多年的历史。任何学科都是时代的产物。比较教育则是工业革命以后由于公共教育的产生而兴起的，起初旨在以了解学习别国教育来改善本国的教育。比较教育最兴盛的时期应该在二战以后的30年间，1963年联合国教科文组织在巴黎成立了国际教育规划研究所，1970年世界比较教育联合会（现世界比较教育学会联合会）在加拿大渥太华成立，这些都是重要的标志。由于战后经济恢复和快速发展，以及殖民地国家纷纷独立，西方发达国家的学者发起比较教育研究，以推动教育改革，同时也企图把西方的教育制度和意识形态输出到民族独立国家。第一届世界比较教育大会主题就是"教育和教师职业的形成：对发展中国家的教育援助"。但是发展中国家由于水土

不服，并没有取得应有的效果。正如国际教育规划研究所第一任所长库姆斯所说，教育计划从来没有实现过。随着20世纪90年代冷战的结束，比较教育在西方逐渐式微，相反，却在发展中国家发展起来。说也不奇怪，这是由于发展中国家的逐渐觉醒，它们要摆脱对西方殖民国家的依附，通过比较教育研究寻求教育的改革与发展。比较教育长期以来是以"西方中心主义"为主导，发展中国家比较教育的兴起正在改变这种局面。

中国比较教育在20世纪二三十年代就有所研究，但真正作为一门学科则是在改革开放以后。在改革开放初期，中国比较教育主要研究几个发达国家的教育改革的状况和经验，评介新的教育思潮和理念，以借鉴外国教育改革的经验来促进我国教育的改革和发展。20世纪90年代，我国开始对周边国家的教育有所研究，但还没有摆脱以西方为中心。近些年来，随着"一带一路"倡议的提出和实施，我国比较教育正在向全球化转型。

二、教育面临着多种挑战

当前教育遇到种种挑战。第一，世界遇到百年未有之大变局，国际政治风云变幻，社会和经济发展不平等；局部战争不断，世界格局正在发生变化；同时全球化遇到了一股逆流，国际教育的交流与合作受到很大影响。

第二，环境恶化，如生态遭受破坏、气候变暖，近几年全世界各地都遇到恶劣的天气；生物多样性丧失，资源透支和浪费，人类生存遭受严重威胁。教育在可持续发展中应该起到什么作用？

第三，科学技术迅猛发展，互联网、大数据、人工智能正在改变着人们的生产和生活。生成式人工智能技术的发展，使得一部分职业消失，同时又产生许多新的职业。青年就业遇到许多困难。同时，如何科学合理地利用数字化赋能教育，提高教育质量，值得认真研究。

第四，社会老龄化加上少子化现象，以及人口的迁移和城乡人口结构的变化也给教育的改革和发展带来许多新问题。

三、新时代中国比较教育的历史使命

党的十八大以来，中国特色社会主义进入新时代。党的二十大提出全面建设社会主义现代化国家，要建设教育强国、科技强国、人才强国。我们在国际上还提出"一带一路"倡议。教育要为实现中国式现代化服务，为建设教育强国服务，为推进"一带一路"倡议服务。比较教育研究必须有一个大转变。

第一，要深入研究在当前国际形势和背景下世界教育发展的动向。近些年来，人才的竞争已经成为国际竞争的焦点，世界各国都在推进新一轮的改革；联合国教科文组织、亚太经合组织等国际组织陆续发布了多个报告，这些动向值得我们研究。比较教育要为建设教育强国提供国际经验。

第二，比较教育研究要向全球化转型。长期以来我们的比较教育研究着眼于发达国家，今后我们的研究要扩大视野，要面向全球。当然，发达国家的教育有几百年的历史，有丰富的经验，今天仍然是我们继续研究的对象。

第三，比较教育要为"一带一路"倡议服务，要研究"一带一路"沿线国家的教育。"一带一路"倡议提出以来，我国与沿线国家的经济合作、科技与文化教育的交往取得了巨大成绩。但是在合作交往中由于文化教育的背景不同，也遇到不少困难。比较教育有义务深入研究这些国家的教育，培养国际人才，助推"一带一路"建设。

第四，参与国际教育治理。长期以来，我国比较教育只是研究别国的教育。今天中国是世界第二大经济体，政治地位不断提升，在国际事务中起着重要的作用。中国又是教育大国，正在向教育强国迈进。我们要积极参与国际教育治理，积极参加国际教育活动，讲好中国教育的故事。

第五，要转变研究范式，促进比较教育学科的发展。长期以来我国比较教育以研究各国的教育制度、政策为主，也进行一些历史、因素分析。但要深入了解别国的教育，还需要引入文化学、人类学的研究范式。现在出国访问、留学的机会多了，要深入学区、学校进行研究，只有这样才能了解它们的教育制度和教育政策是怎么落实到学校的。

（本文是 2024 年 5 月 8 日在上海师范大学教师教育中心举办的比较教育学分会常委理事会上的发言）

教育学科发展的几个基本议题

博学之
审问之
慎思之
明辨之
笃行之

甲辰清明
九五叟瞿葆奎

教育学中的几个基本概念的辨析

最近拜读了陈桂生教授的《教育学的再认识——回望教育学苦旅的一程又一程》一文，受益匪浅，感慨甚深。陈桂生教授善于思考，勇于质疑，对中国教育理论问题提出了许多发人深省的问题，值得教育理论工作者深思。教育是人类一种十分复杂的活动，涉及儿童的成长、社会的发展。研究教育理论的教育学更是错综复杂，概念模糊不清，至今没有一个完整的理论体系。读了陈桂生教授的大作，勾起我对教育学中的几个基本概念的思考，似乎这几个概念至今还存在着理解和认识的不一致。

教与学，中国古代教育概念

在我国，教育这个词最早见于《孟子·尽心上》："得天下英才而教育之，三乐也。"此前只有"教"和"学"两个概念，而教和学两个概念是相通的，都是指教育。《学记》中说"化民成俗，其必由学乎""建国君民，教学为先"，这里的"教"和"学"，指的就是教育。《学记》是世界上最早的教育研究著作，比古罗马教育家昆体良的《论演说家的教育》一书还要早几个世纪。

《学记》记录了我国古代的教育机构和制度："古之教者，家有塾，党有庠，术有序，国有学"，这是教育机构；"比年入学，中年考校。一年视离经辨志；三年视敬业乐群；五年视博习亲师；七年视论学取友，谓之小成。九年知类通达，强立而不反，谓之大成"，这是学制。《学记》还论述了古代教育的原则和方法："君子既知教之所由兴，又知教之所由废，然后可以为人师也""学不躐等"，这是讲的教育原则；"时教必有正业，退息必有居学""豫""时""孙""摩"，以及学者有四失、善问善答等，这是讲的教学方法。《学记》共有1229字，讲的都是教育问题，但没有教育这个词。《礼记·大学》有"大学之道，在明明德，在亲民，在止于至善"。这里的"大学"二字，不是现在我们常用大学的称谓，而是指教育。至于孟子说的"得天下英才而教育之"的"教育"二字是一个动词，而不是一个名词概念。综观古代典籍，似乎没有发现"教育"这个名词概念。

教育、教养、教学

现在我们使用的教育和教育学这些名词概念，都是外来语。

教育学中的几个基本概念的辨析

1806年赫尔巴特《普通教育学》出版，标志着"教育学"概念的出现。《普通教育学》的全名是"Allgemeine Pädagogik aus dem Zweck der Erziehung abgeleitet"（从教育目的推导出的普通教育学）。这里有两个概念：一个是教育学（Pädagogik），另一个是教育（Erziehung）。德文"Erziehung"是教养的意思，是德行的教育，或称德育；"Pädagogik"是研究教养的理论。

新中国成立初期，我们向苏联学习，引进苏联教育学，就有教育、教养、教学三个概念。当时国人不太理解这三个概念的内涵，北京师范大学王焕勋教授曾经在《光明日报》上专门发文解释了这三个概念。这三个概念其实也是从赫尔巴特《普通教育学》中来的。教育，俄语为"образование"，德语为"Bildung"，这个词有建筑构成的意思，当指整个教育事业，包括教育制度，如国民教育、高等教育、基础教育等。教养，俄语为"воспитание"，德语为"Erziehung"，是指培养人的素养、德行，也称德育。教学，俄语为"обучение"，德语为"Ausbilden"，指知识的传授和训练。但我国教育界对这几个概念的理解和运用又有所不同。我国教育界很少使用教养这个概念。而是把教育分成两种含义：一种是把对人的所有教育活动称为教育。《中国大百科全书·教育》的定义是：教育是培养人的一种社会现象，是传递生产经验和社会生活经验的必要手段。《教育大辞典》的定义是：教育是传递社会生活经验并培养人的社会活动。第二种是把教养、德育也称为教育，如学校的教育教学工作，这里的教育主要指思想道德教育，相当于苏联教育学的教养的内容。但俄语和德语中教养一词，又与教学有紧密的联系，都是强调在教学的基础上完成教养的任务，似乎与我国思想道德教育的概念又有所不同。《中国大百科全书·教育》则连"教养"这个词都没有收录。对于教学，《中国大百科全书·教育》的释义为：教师的教和学生的学的共同活动。《教育大辞典》的释义则是：以课程内容为中介的师生双方教和学的共同活动。它们都没有说明怎样活动。而俄语、德语中则有训练的意思在内。

教育学、教育科学、教育学原理

对"教育学"（pedagogy）这个概念的理解更是混乱。赫尔巴特《普通教育学》中的"教育学"是指研究教养的理论。苏联凯洛夫教育学则包含了教育、教养、教学三者的理论。《中国大百科全书·教育》中对教育学的释义为：教育科学中重要的基础学科之一，旨在研究教育规律、原理和方法。这里又出来了"教育科学"的概念，教育学成为教育科学的一个分支了。《教育大辞典》中对教育学的释义是："研究人类教育现象及其一般规律的学科"。同时《教育大辞典》对教育科学的释义是："研究教育规律的各门学科的总称"。南京师范大学教育系编的《教育学》则

教育学中的几个基本概念的辨析

干脆就说,"这本《教育学》所研究的主要是学校教育这一特定的现象"①。"教育学"和"教育科学"就打起架来了。当然20世纪以来,随着人们对教育认识的深入,出现了许多分支学科,一本《教育学》已经不能涵盖所有教育现象了。出现了教育哲学、教育经济学、教育社会学、教育技术学等分支学科。于光远曾经在1979年《关于教育科学体系问题》② 一文中把教育科学分为教育社会现象学和教育认识现象学,这也是教育学科的一种分类法。胡德海教授则认为"教育学"和"教育科学"是同义词,"必须坚持教育学就是教育科学,它是诸种教育学科的总称这一理论观点"③。我认为"教育学"和"教育科学"两个概念可以并存。教育学是一门学科的大概念,类似于数学、化学、物理、医学等,但又有综合学科的概念,类似于生命科学、航天科学、材料科学等名称。

在我国研究生专业目录中,教育学就是一个大门类,教育学门类下又分教育学、心理学、体育学三个一级学科,每个学科下面又有若干二级学科。教育学下面有教育学原理二级学科。于是就出现了"教育学原理"这个新概念。《教育大辞典》中把它解释为同"教育基本理论""教育概论"。但教育学原理有哪些原理,有哪些基本理论?它与教育学有什么区别?至今没有人说得清楚。

---

① 南京师范大学教育系. 教育学. 北京:人民教育出版社,1984:1.
② 于光远. 关于教育科学体系问题. 教育研究,1979(3).
③ 胡德海. 教育学原理. 兰州:甘肃教育出版社,1998:3.

从以上分析可以看出，我国教育学究竟有哪些基本概念，对这些概念如何解释，都大有不同，至今没有统一的认识。这一直困扰着教育理论工作者。

★ ★ ★ ★

建设一门学科，首先要抽象出该学科的基本概念，如政治经济学的基本概念有劳动、资本、分配、剩余价值等。要建设中国的教育学理论体系，也需要抽象出教育学中的几个最基本的概念。这项工作似乎我们尚未完成。正如瞿葆奎先生所说，由于"坚持历史地、唯物地考察各种社会形态的教育做得还不够"，"难以对教育进行科学的抽象和概括"[①]。但建立中国现代教育理论体系，这个问题是规避不了的。教育理论工作者需要在深入研究继承中国优秀教育传统、分析批判外国的教育理论、总结我国教育实际的基础上，共同研讨，科学地解决教育学中的基本概念问题，为建设中国式教育理论体系奠定基础。

（原文载于《中国教育科学》2023年第5期）

---

① 瞿葆奎. 教育学文集·教育与教育学. 北京：人民教育出版社，1993：120.

简议教育学科知识体系的问题

最近读了胡德海教授的《关于什么是教育学的问题》一文，非常有启发。他详细地论述了教育学的演变和发展，辨析了"教育学"和"教育科学"两个概念的由来，提出教育学即教育科学、教育科学即教育学，二者是同一个概念的主张，并列出了教育科学（教育学）的学科体系结构。这是教育理论界列出的又一份教育学科体系图谱，有重要的理论意义。

我很同意，在当代，教育学和教育科学已是同义词。我只想补充一点想法。教育学，以及教育学与教育科学的关系有一个发展的过程。教育是一个很复杂的活动，作为认识教育活动的理论探索很早就开始了。我国《礼记》中的《学记》是世界上最早的教育研究著作。在我国，教育一词最早见于《孟子·尽心上》："得天下英才而教育之，三乐也。"但这里"教育"是一个动词，不是一个名词概念。中国古代典籍中只有"教"和"学"两个概念，而教和学两个概念是相通的，都是指教育。《学记》中说"化民成俗，其必由学乎""建国君民，教学为先"。这里的教和学，指的就是教育。《礼记·大学》有"大学之道，在明明德，在亲民，在止于至善"。这里的"大学"二字，不是现在我们常用大学的称谓，而是指教育。①

《学记》记录了我国古代的教育机构和制度、教育原则、教学方法，是对个体如何开展教育活动的论述。"古之教者，家有塾，党有庠，术有序，国有学"，这是当时官学的教育机构。"比年入学，中年考校。一年视离经辨志；三年视敬业乐群；五年视博习亲师；七年视论学取友，谓之小成。九年知类通达，强立而不反，谓之大成。"这是学制，是讲的教育的阶段性。"君子既知教之所由兴，又知教之所由废，然后可以为人师也""学不躐等"，这是讲的教育原则。"时教必有正业，退息必有居学""大学之法：禁于未发之谓豫，当其可之谓时，不陵节而施之谓孙，相观而善之谓摩"，以及学者有四失、善问善答等，这讲的都是教学方法。《学记》共有1229字，讲的都是对个体如何进行教育的问题。这是否就是研究育人的本体理论？

世界上许多思想家、教育家都对教育有论述。大家公认最早提出教育学概念的是1806年出版的赫尔巴特的《普通教育学》。

---

① 顾明远. 教育学中几个基本概念的辨析. 中国教育科学，2023（5）.

它的全名是"Allgemeine Pädagogik aus dem Zweck der Erziehung abgeleitet"（从教育目的推导出的普通教育学）。这里有两个概念：一个是教育学（Pädagogik），另一个是教育（Erziehung）。德文"Erziehung"是教养的意思，是德行的教育，或称德育；"Pädagogik"出自希腊语，是研究教养的理论，也是针对个体的教育问题。

到了19世纪末20世纪初，随着工业化的发展和教育的逐渐普及，就开始研究教育和社会的关系。美国教育家杜威就关注到教育与社会的关系。他在1897年发表的《我的教育信条》中就明确提出"教育过程有两个方面，一个是心理学的，一个是社会学的"，并提出了"教育即生活"和"学校即社会"的主张。[①] 但其整个思想仍然着眼于儿童个体的发展成长，还没有谈论到社会各个领域对教育事业的影响。直到20世纪60年代出现了"人力资本"理论，它把教育作为生产力增长的因素，从而产生了教育经济学这门教育学的新兴学科。同时以社会学的理论分析教育与社会的关系，产生了教育社会学；以政治学的理论研究教育问题，产生了教育政治学；等等。传统的教育学知识领域发展成一个大家族，所以就出现了教育科学的概念。

胡德海说，苏联有教育学和教育科学之别，而且说中国学者由于"迷信老大哥"，"依样画葫芦、亦步亦趋、思想僵化、

---

① 滕大春. 外国教育通史：第5卷. 济南：山东教育出版社，1993：296.

不能与时俱进，缺乏独立思考和判断是非的能力……"。这话恐怕有失公允。胡德海恐怕不太懂得俄语。俄罗斯有一门学科叫"педагогика"，也即胡德海所说的西方用的"padagogy"，连发音都是相同的，都是从希腊语"教仆"一词演变过来的。中国人把它译成"教育学"，其实并不确切。这几天我请肖甦教授和她的学生查阅了1961年苏联出版的《教育辞典》和1999年俄罗斯出版的《俄罗斯教育百科全书》两本辞书，书中都只有"педагогика"这一词目，并没有"教育科学"的词条。这说明当时苏联还没有或者还没有普遍应用教育科学一词。直到近年，俄罗斯开始出现了教育科学的概念。由俄罗斯哲学家、莫斯科国立大学列别捷夫主编的《科学哲学：基本术语词典》（2004年出版）中，收录了"педагогические науки"和"образование"两个词，但没有收录"педагогика"这个词。"педагогические науки"的释义是：根据积累起来的传统、物质、人才和信息条件以及前景目标研究"有效地教养和教育社会各阶层人口"各类概念的理论和实践科学的集合。也可以说明，从传统教育学到今天的教育科学，两者并没有区别。现在俄罗斯教育科学院的俄文则是"Российская академия образования"。这里的"образование"是指国民教育，也即宏观的教育事务。苏联时期也好，现在俄罗斯也好，并没有把教育学与教育科学分成两个学科的现象。何来苏联有把教育学和教育科学分开的说法？何来中国学者的"迷信老大哥"？

简议教育学科知识体系的问题

在中国一直在进行教育学科体系问题的研究。《华东师范大学学报（教育科学版）》1993年第二期就发表了唐莹、瞿葆奎的文章：《教育科学分类：问题与框架》。文章详细分析了教育的性质和教育理论发展的进程，运用分类学的理论，列出了"教育科学分类框架表"。1999年出版的由瞿葆奎主编的《元教育学研究》，详细分析了元教育学的理论，其中沈剑平的《论教育理论的结构》一文，分析了教育理论的要素、介绍了历史上各派对教育理论结构的构想。1991年春天，教育部师范教育司在北京侨园饭店举行了一次中等师范学校编写教育学教材的讨论会。那次会议国家教委副主任何东昌、张承先都参加了。我在会上就说，现在编写一本《教育学》教材太难了，教育学已经发展到教育科学的集群。2009年《中国大百科全书》第二版出版，其中教育心理卷是我主编的，书中也只收录了"教育学"（padagogy；education）一词。可见我国对教育科学知识体系的结构有多种视角、多种理解。

教育最终目的是培养人，是立德树人，是促进个体的成长和发展。这是教育的本体，我暂且称它为教育本体论。教育学（教育科学）中不能缺乏这个教育本体论。现在教育学下面的二级学科，如教育学原理，我认为是一个不科学、不明确的概念，它们的研究对象是不明确的。当初在研究生专业目录设置时也只是权宜之计，并没有经过教育学的整个学科体系的研究。1979年于光远曾在《教育研究》上发表了题为《关于教育科学体系问题》

的文章。他认为教育科学本身也"可以分做两大门类，一是把教育主要作为一种社会现象来加以研究的科学，无以名之，暂且把它叫做'教育社会现象学'，还有是把教育主要作为一种认识现象来研究的科学，也无以名之，暂且把它叫做'教育认识现象学'"[①]。教育认识现象学也就是研究如何促进个体成长的科学。

苏联当初的《教育学》除了前面一部分着重论述教育的价值观以外，后面各章主要是讨论儿童的培养原则、教育内容、教育教学过程和方法，也即讨论的是教育本体论。我认为苏联教育学强调对育人的本体研究也是有一定道理的。上世纪50年代，我在苏联莫斯科国立列宁师范学院教育系学习，距今已有70年，那时教育系的学校教育专业是培养小学教师和师范学校教师的专业，我们学习的课程有人体解剖学、生理学、普通心理学、人格心理学、学校卫生学、儿童文学、小学数学教学法、小学语文教学法等，都是讲授培养儿童所需要的知识和技能。小学教育是培养儿童的活动，所以需要了解儿童，掌握教育儿童的知识和技能。这个知识体系，无以名之，我暂时把它叫作教育本体论。

因此，我认为教育学是否可以分为狭义的教育学、广义的教育学两大类。教育有狭义、广义之分，教育学是不是也可以有狭

[①] 于光远. 关于教育科学体系问题. 教育研究，1979（3）.

义、广义之分？狭义的教育学是研究教育如何促进个体成长发展的理论，广义的教育学是研究如何促进教育事业发展和影响个体成长的社会因素。前者可以叫作"实践教育学"，后者可以叫作理论教育学。长期以来，我国师范院校的教育理论工作者主要研究狭义的教育学，或者叫微观教育学。改革开放以后，提出教育要为社会主义建设服务，社会主义建设要依靠教育，大家这才开始研究教育与国家发展的关系、教育的发展战略、教育的投入、教育与社会分层、区域教育的发展等宏观教育问题。随着科学技术的迅猛发展和社会的变革，又出现了许多教育思潮和教育理论。教育在发展，教育思想在进步，教育观念在变化，教育理论在发展。当然不能再用陈旧的教育理论来认识今天的教育学。但我认为，教育学从开始发展到今天，仍然应该是教育科学的母体，与经济学结合就产生教育经济学，与社会学结合就产生教育社会学。教育学发展到今天就成了教育科学这个大家庭。但是不能忘记教育的目的是立德树人，是最终促进个体成长的活动，不能忽视教育本体论或狭义教育学在教育科学大家庭中的重要位置。

教育学（教育科学）知识体系的研究本来是一个很严肃、很艰巨的，也是正在探讨的课题，需要大家讨论探索，有意见的分歧是必然的。没有意见的分歧，就不可能有科学的进步。我没有能力和水平，也无意提出教育学的体系架构，只是在大家讨论研究过程中提点自己的看法，供大家参考批评。胡德海是我的同班同学，他长我一岁，我们共同讨论，虽然意见略有不同，总的结论是一致的。同时我的上述想法也只是一孔之见，请大家批评指正。

（原文载于《中国教育科学》2024 年第 2 期）

中国教育学科体系、学术体系和话语体系建设的三个着力点

中国教育源远流长，对教育现象的研究也已有两千多年的历史。《学记》就是世界上最早的教育研究著作。它第一次全面论述了教育的地位和作用、教育与社会和政治的关系、学校制度、教学原则和方法、教师、学生、师生关系等。但对现代教育学的研究，我国起步比较晚，还是在清末民初从西方传入的。西方教育理论最初是通过日本传入中国的。王国维翻译的日本学者立花铣三郎编著的《教育学》，是传入我国的第一本教育学著作。后来又从日本翻译了多本教育学论著，内容主要是介绍德国赫尔巴特传统教育学派的理论。到了20世纪二三十年代，中国又从美国引进了杜威现代教育学派的理论。新中国成立初期，向苏联学习，凯洛夫的《教育学》在中国影响很大。从1958年开始，中国教育学术界才逐渐认识到中国要建设自己的教育理论体系。特别

是改革开放以后，我国在解放思想、实事求是的思想路线下，重新展开教育理论的研究。40多年来，中国教育学科有了很大的发展，涌现出大批科研成果，为教育理论建设打下了坚实的基础。要进一步建设中国特色社会主义教育学科体系、学术体系和话语体系，需要在三个方面着力。

一、以马克思主义为指导

马克思主义的指导体现在两个方面，一是马克思主义的历史唯物主义和辩证唯物主义的方法，二是马克思主义的教育思想。

首先，马克思主义的历史唯物主义和辩证唯物主义是中国教育学科建设的方法论基础。它科学地解决了教育与社会的关系和教育的本质问题。马克思和恩格斯运用历史唯物主义对他所处的时代和世界进行了深入考察，揭示了人类社会发展的规律，第一次提出"社会存在决定社会意识""经济基础决定上层建筑"的唯物史观。这就为我们认识教育本质提供了科学的方法。教育是社会生产方式的产物，反映了一定社会的意识形态，教育离不开当时的社会存在。因此，我们在讨论教育本质的时候，不能脱离社会的经济基础来空谈教育的本质。教育是传承文化、创新知识和培养人才的社会活动，但传承什么文化、培养什么样的人、怎样培养人，总是会受到当时社会生产方式的制约，并为当时的社会生产方式服务。

中国教育学科体系、学术体系和话语体系建设的三个着力点

马克思主义的历史唯物主义和辩证唯物主义坚持教育的本体性和功能性统一。教育作为促进人成长发展的过程,有自身的发展规律,儿童发育成长也有自己的规律。教育工作者要研究儿童成长的规律,研究教育规律。但教育自身规律也总是会受到一定社会政治经济和文化的制约。所以马克思在《关于费尔巴哈的提纲》一文中说:"人的本质不是单个人所固有的抽象物,在其现实性上,它是一切社会关系的总和。"马克思主义认为,教育是人类自身再生产的活动。人类为了生存和发展,就要把老一辈的生产经验和社会生活经验传授给下一代,并促进他们健康成长,这就是教育。教育要为当时的社会经济基础服务。正如毛泽东讲的:"一定的文化(当作观念形态的文化)是一定社会的政治和经济的反映,又给予伟大影响和作用于一定社会的政治和经济;而经济是基础,政治则是经济的集中的表现。"[1] 所以,教育的本体性和功能性有如硬币的两面,是互相依存的。教育既促进个体的发展,又为人类社会发展服务;个体得到发展了,才能更好地为社会服务。我国社会主义还处在初级阶段,在逐步消灭阶级差别的过程中,教育要为巩固无产阶级政权服务,为社会主义现代化建设服务。因此要坚持教育的本体性和功能性的统一。中国教育学科要坚持以马克思主义为指导,坚持"教育必须为社会主义建设服务,社会主义建设必须依靠教育"[2]。把教育作为每个社会

---

[1] 毛泽东同志论教育工作. 北京:人民教育出版社,1958:5.
[2] 中共中央关于教育体制改革的决定//改革开放三十年重要文献选编(上). 北京:中央文献出版社,2008:381.

成员生存的权利，努力让每个孩子享有公平而有质量的教育，努力培养他们成为社会主义的建设者和接班人，为实现中华民族伟大复兴的中国梦作出贡献。

马克思主义方法论不仅在宏观上让我们认识教育与社会发展的关系，深刻认识教育的本质，同时也指导着我们分析教育的主要矛盾、处理教育内部的各种关系。如教育公平与教育效率的矛盾、教与学的矛盾、技术主义与人文主义的矛盾等等。

其次，马克思主义关于人的全面发展和教育与生产劳动相结合的思想是中国教育方针的理论基础。历史上许多思想家、教育家都曾追求过人的全面发展，但是由于历史的局限，都没能阐明人的全面发展的本质内涵和条件。只有马克思主义运用历史唯物主义的方法，把人的全面发展和社会发展联系起来，才科学地阐明了人的全面发展的本质及物质基础和条件。

马克思主义认为，个人的发展取决于生活方法、环境和社会分工。而社会分工是随着生产力的发展而产生的。社会第一次分工是脑力劳动和体力劳动的分工。"分工只是从物质劳动和精神劳动分离的时候起才真正成为分工。"[1] 随着社会分工越来越细，人的片面发展越来越严重，到工场手工业时代，个人的片面发展到了极点。但是，大工业机器生产却要求工人的全面发展。大工业机器生产是科学技术与生产结合的产物，是随着科学技术的发

---

[1] 马克思，恩格斯. 马克思恩格斯选集：第1卷.3版. 北京：人民出版社，2012：162.

展而不断变革的。大工业生产要求人的全面发展，唯一途径就是把生产劳动和教育结合起来，培养体脑结合的新人。马克思主义关于教育与生产劳动相结合的教育思想在今天科技高度发达的时代仍具有现实意义。

二、以中华优秀传统文化为基础

中国教育是在中国的文化背景下发展起来的，中国文化是它的核心基础。中国文化源远流长，博大精深，是中国教育发展的源泉。中国教育犹如一条大河，而中国文化就是河的源头和不断注入河中的活水。因此，中国教育学科体系建设要正确对待中国传统文化对中国教育的影响，正确对待中国的教育传统。我们反对历史虚无主义，反对认为中国文化是落后的，不如西方文化先进的说法；我们也不赞成民粹主义，不赞成认为中国文化是最优秀的，无须向别人学习，一切新鲜事物都是中国"古已有之"。①

中国教育学科体系建设一方面要关注如何通过教育继承发扬中国文化的优秀传统，批判和摒弃陈旧落后的思想观念；把中国传统美德，如天人合一、自强不息、贵和尚中、矢志爱国、尊老爱幼、诚信待人、勤劳节俭、慎独自爱等，作为立德树人的重要内容。

另一方面，要关注如何继承中国优秀教育传统。中国历来重

---

① 顾明远. 中国教育的文化基础. 太原：山西教育出版社，2018：304.

视教育，而且积累了丰富的教育经验和合乎青少年成长规律的教育原则和方法，例如教育兴邦、尊师重教、德育为先、严谨治学、因材施教、教学相长等。《论语》《学记》《师说》等著作中的教育箴言，都属于典型的教育学的中国话语体系。中国教育学科体系的建设，要把中国优秀教育传统作为研究对象，推陈出新，把学科建设和学术研究结合起来。

三、以研究和解决中国现实教育问题为鹄的

一是要总结提升中国教育的丰富经验。改革开放以来，我国教育有了很大的发展，用较短的时间普及了九年义务教育，高等教育实现了跨越式发展。中国教育的规模和质量都已经超越了世界中等发达国家水平。中国教育工作者创造了新鲜的教育经验。中国的教育实践已经走在教育理论的前面，需要教育理论工作者去总结提升。

二是要深入教育实际，研究和破解教育发展过程中的矛盾和问题。中国教育在发展过程中不断遇到许多矛盾和挑战。人民大众对教育的期盼与教育发展不充分不均衡的矛盾始终存在。在一个正在高速发展的大国，如何处理教育发展与经济社会发展的关系，政府、学校、社会的关系，公平与效率、普及与提高的关系，始终是人们关注的热点。教育理论工作者要以习近平新时代中国特色社会主义思想为指导，坚持理论与实际相结合，围绕国

家经济社会发展的战略部署，把握社会变革的大形势、大趋势，加强教育宏观决策和发展战略研究，提升教育政策和科学化水平；教育科研要围绕中央关心、社会关注、人民关切的教育热点难点问题，开展深入研究，在重要领域和关键环节取得新突破；教育理论工作者要深入教育实际，和第一线的老师相结合，总结鲜活的经验，将其提升到理论高度，使其起到推广引领的作用。

三是要把立德树人、培养时代新人作为教育研究的重点。培养什么人、怎样培养人、为谁培养人，是教育的根本问题。这也是中国教育学科建设的核心内容。要研究如何加强学校的思政课建设，把立德树人落到实处；要研究如何实现"五育并举"，培养有理想信念、扎实学识、奉献精神的，德智体美劳全面发展的社会主义建设者和接班人；要研究如何推进教育教学深化改革、改进人才培养方式方法、提高教育质量的问题，探索新时代教育教学方法，不断提升教师育人本领；要研究如何开展教育评价制度改革，遵循教育规律，建立科学的、符合时代要求的教育评价制度和机制。

四是要研究数字化时代未来教育的发展趋向，关注互联网、大数据、人工智能在教育领域的应用，并规避滥用技术的风险；探索如何融合运用传统和现代技术手段，合理地使用互联网，探索基于学科的课程综合化教学，开展研究性、项目化、合作学习。

总之，教育发展中的许多现实问题需要教育理论工作者深入研究。中国教育学三个体系建设要以学术体系建设为基础。通过学术研究，才能加强学科体系的建设；通过学术研究，才能建立起中国教育话语体系。

[本文系国家社科基金教育学重大项目"习近平新时代中国特色社会主义教育思想研究"（VAA180001）阶段性成果，2022年2月28日登载于中国社会科学网]

中国教育学科的发源地和研究重镇

中国教育源远流长，发展到今天，大致经过了三个历史时期：第一个时期是民国期间，第二个时期是新中国成立初期，第三个时期是改革开放以来。在这三个时期，北京师范大学（简称北师大）都起着教育学科发展的引领作用。

教育学科的发源地

我国最早开设教育学科是在清末，是从西方教育理论借鉴过来的，但是经过了日本这一二传手。1901年王国维翻译的日本学者立花铣三郎编著的《教育学》，是传入我国的第一本教育学著作。北师大成立之初，就积极引进国外的教育学课程。最早是聘请日本服部宇之吉担任教育学教师，由范源廉担任翻译。内容主要是介绍德国赫尔巴特传统教育学派的理论。民国时期北师大开始设教育专修科，聘请德国学者为教员，以学习德国的教育理论为主。1920年，北师大建立教育研究科，专攻教育理论，开设了24门课程，有教育学、心理学、教育史、教授法原理、哲学、美学、社会学等。主讲教师都是当时的大师级人物，如胡适讲哲学、蔡元培讲美学、王文培讲教育学、陈大齐讲心理学等，学生毕业后被授予教育学士学位。第一期毕业生中就有我国早期教育学家康绍言、常道直、薛鸿志、殷祖英等。中国教育学科的发展从此开始。北师大名副其实地是中国教育学科的发源地。

到了上个世纪二三十年代，中国又从美国引进了杜威现代教育学派的理论。1919年至1921年杜威在华讲学，曾在北师大教育研究科讲授"教育哲学"。学生常道直根据笔记翻译整理为《民主主义与教育》，由商务印书馆出版。与此同时，其他欧美学者也纷纷来到中国，如英国哲学家罗素、美国教育史学家孟禄先后于1920年、1921年来华，宣传他们的教育思想。这些都对北师大教育学科的建设有重大影响。

1932年北师大成立了教育研究所，由校长李蒸任所长。教育研究所开展教育研究和培养教育理论人才，并编写出版了各科教科书，促进了我国教育学科的发展。[1]

苏联教育理论的集散地

新中国成立初期，确立"一边倒"向苏联学习的方针，教育

---

[1] 顾明远文集：第4卷．北京：北京师范大学出版社，2018：129-130．

界开始学习苏维埃教育学。一方面大量翻译出版苏联的教育理论著作，另一方面聘请苏联专家来华讲学。北师大成立了翻译室，李子卓、赵玮、陈帼眉都是当时翻译室成员。北师大1950年就请来了苏联幼儿教育专家戈林娜来校讲学。学校先后聘请了十几位苏联专家给各系师生讲学，其中教育系就请了8位。为了传播苏联教育理论，学校办起了大学教师进修班和研究生班。当代著名教育家潘懋元、邵达成等就是大学教师进修班学员；我校王策三、东北师大王逢贤和梁忠义、华中师大王道俊等是研究生班研究生。他们直接听苏联专家讲课。当时以凯洛夫主编的《教育学》为主要课本。1956年苏联出版了凯洛夫新编的《教育学》，北师大朱智贤、邵鹤亭、陈友松、李子卓和人民教育出版社的编辑随即翻译出来，由人民教育出版社于1957年3月出版。

1952年，中国人民大学教育学教研室，北京大学、辅仁大学和燕京大学的教育系都并入北师大教育系。一下子教育学者咸集，林砺儒、邵鹤亭、邰爽秋、张怀、邱椿、瞿菊农、董渭川、陈友松、朱智贤以及王焕勋等，都是20世纪30年代教育界的名人。北师大成为教育理论界的重镇。可惜因为当时学习苏联教育理论，没有能发挥这些老一辈学者的作用。但大家学习凯洛夫的《教育学》是非常用心和认真的。王焕勋教授是从老区过来的，较早接受马克思主义教育思想，在学习苏联教育理论过程中，撰写文章，解读了苏联教育理论中的三个基本概念："教育、教学、教养"。1956年，我和周蕖从苏联学习回来，正值全国学习苏联教育学的热潮。我们为人民教育出版社编辑的《教育译报》连续翻译发表了十几篇文章。赞科夫发展教育实验的总结报告《论教育和发展的问题》，就是我和周蕖1958年翻译出来的。

苏联教育不仅在理论上影响到我国的教育学科建设，在教育实践中也有重大影响。1953年北师大中文系学生到北京女六中进行教育实习，讲授《红领巾》一课。苏联专家普希金听了这堂课以后进行评议，提出了上好一堂课的要求。《人民教育》为此发表了短评。从此"红领巾教学法"传遍全国，不仅对语文教学，而且对各科教学都产生了影响，也影响到教学论的研究。[①]

从历史唯物主义的观点来看，当时学习苏联教育理论也有一定的积极意义。苏联教育强调基础教育要系统地学习各学科知识体系，掌握基本知识、基本技能，对于改造旧学校、稳定学校教学秩序、提高教学质量起到了重要作用。基本知识、基本技能，所谓"双基"成为我国一段时间基础教育教学的主要任务。随着科学技术的发展，苏联教育理论一些刻板的教育观念就明显地表现出不足。究其原因，既有时代的变迁，也有对教育认识的深化。

1956年开始，北师大教育系教育学教研室在王焕勋、黄济的领导下，开始编写自己的教育学教科书。先是编纂了一册学习资料，供学生学习，继而编写了一部《教育学讲义》，1957年由北师大出版社出版发行，在全国师范院校产生了很大影响。

---

① 顾明远.中国教育的文化基础.太原：山西教育出版社，2018：257.

中国教育学科的发源地和研究重镇

1961年北师大教育系裁撤翻译室，改为外国教育研究室（这是现在国际与比较教育研究院的前身），开始关注欧美各国的教育动态。1964年2月，教育部决定，北师大适当充实外国教育研究的力量，收集、整理、编译外国教育的情报资料，供领导研究参考。同年5月，根据国务院外事办公室批准的《关于高等学校建立研究外国问题机构的报告》，北师大成立了外国教育研究室、苏联哲学研究室、苏联文学研究室和美国经济研究室。1965年，四个研究室合并为外国问题研究所。同时根据中宣部的要求，由外国教育研究室主编《外国教育动态》，也就是现在《比较教育研究》的前身。可以说，北师大也是研究介绍国外教育动向的先行者。

开辟教育科学研究新领域

改革开放后，教育科学迎来了发展的春天。在解放思想、实事求是的思想路线指导下，我国重新展开教育理论的研究，引进发达国家的教育理论和经验。北师大教育系重新组建了课程体系，恢复了"教育哲学""比较教育"等课程，新开设了"教育管理学"等课程。1980年教育部聘请美国哥伦比亚大学胡昌度教授来北师大讲授"比较教育"课程，同时举办了大学教师进修班，激发了大家学习比较教育的热情。事后进修班的老师们组织起来，在老一辈教育家王承绪、朱勃教授的指导下于1982年编写出版了新中国成立后第一本《比较教育》教材，由人民教育出版社出版发行，至今已出版第五版。1982年受教育部的委托，北师大教育系编写出版了中等师范学校用的《教育学》《心理学》等教材。这部《教育学》虽然没有摆脱苏联教育学的体系框架，但第一次提出"现代教育"的概念和"学生是教育主体"的观点，引起了教育界的讨论，并逐渐被大家所接受。教育系开设了"教育哲学"课程，由黄济教授主讲。黄济教授潜心研究，研究成果《教育哲学通论》于1998年由山西教育出版社出版，成为我国教育哲学的奠基之作。特别值得一提的是，1979年教育系就开始筹备建立特殊教育专业。经过多年努力，终于在1986年开始招生，这是我国第一个特殊教育本科专业。

1979年，北师大在外国教育研究室的基础上扩建成外国教育研究所，1995年外国教育研究所更名为国际与比较教育研究所，开展对发达国家教育的比较研究，引进了现代化的教育理念和各国教育的经验；研究各国教育政策；曾为我国学位制度和师范教育的建设提供咨询。国际与比较教育研究所是1999年经教育部批准成立的首批教育部普通高等学校人文社会科学重点研究基地之一，是比较教育学科唯一的教育部普通高等学校人文社会科学重点研究基地。1980年，《外国教育动态》正式复刊并公开出版发行。1992年《外国教育动态》更名为《比较教育研究》，2001年由双月刊增为月刊，扩大了篇幅，增加了内容，提高了质量。北师大已成为我国比较教育研究的重镇。

中国教育学科的发源地和研究重镇

改革开放初期，教育科学研究所、现代教育技术研究所相继成立。教育科学研究所开展了课程论与学科教学论的研究，并进行了中小学"五四"学制的实验，编写了"五四"教材。2009年以教育科学研究所为基础组建课程与教学研究院，为我国新课程改革作出了重要贡献。现代教育技术研究所是我国最早把信息技术应用于教育的机构，是教育技术学院的前身。40多年来随着信息技术不断发展，教育技术学院不断深入教育技术基本理论的研究，特别重视信息技术在教育领域的应用，开展互联网、大数据、人工智能和未来教育的研究，一直站在教育技术学科的前沿。

1985年，北师大在华北教育干部培训中心的基础上经教育部批准成立了教育管理学院，这也是我国第一所教育管理学院。长期以来，我国缺乏教育管理学的学科研究。教育行政部门缺乏科学的决策，只是凭经验规划教育、管理学校。教育管理学院成立后，引进国外教育管理学的理论，开展学习研究，培养研究生，教育系增设了教育管理专业，为我国教育管理学科的建设打下了基础。

2009年，北师大整合教育学科的所有部门成立了教育学部，下设十几个实体性学术机构，还有多个交叉平台，几乎涵盖了教育学科的全部领域。学部还拥有《比较教育研究》、《教育学报》、《教师教育研究》和《中国教师》等高水平的教育期刊。教育学部承担着科学研究、人才培养、社会服务等重要职责，成为中国教育科学研究的重要基地。

国际交流与合作

北师大是改革开放以后最早向外开放的学校，较早与国外交流合作，从上个世纪80年代开始就与日本、美国互派留学生。80年代最大的一个教育合作项目是与加拿大多伦多大学互派研究生和青年教师进修生，由加拿大国际开发署资助。项目执行结果是我国派出22名研究生和青年教师到多伦多大学进修一年，加拿大派出15名研究生来华学习三个月。我国学成回来的研究生和教师都成为教育学界的骨干和教育部门的领导干部，为我国的教育科学研究和教育事业的发展作出了应有的贡献。

进入21世纪以后，北师大教育学科的国际化程度迅速提升，与国外教育交流与合作日益频繁，不仅聘请了外国专家来校任教，还经常有外国学者来校讲演，举办各学科的专业国际会议。特别值得一提的是，2016年在北师大召开了第十六届世界比较教育大会，来自70多个国家和地区的千余名代表参加了大会，这是新中国成立以来最大的一次教育界的国际会议。2011年教育学部开始举办国际学生研究生班，招收五大洲的学生。截止到2020年，教育学部与38个国家120家学术机构建立合作关系，赴外讲学访学达到近900人次，国际高端学者来华讲学341场；在90种国际期刊上发表外文论文273篇，出版各种外文著作42部；通过创办4种英文期刊，设立"教育学院国际联盟"（INEI）秘书处，举办世界比较教育大会等57个高端国际学术会议，百余名学者在各类国际学术组织中任职，学校的国际化程度不断提升。

踔砺前行，为建设中国特色教育理论体系而努力

中国教育进入了新的历史时期，到2035年要实现教育现代化。中国教育科学研究责无旁贷地要肩负起建设中国特色社会主义教育学科体系、学术体系和话语体系的历史使命。为此我们需要在三个方面着力。

第一，坚持以马克思主义为指导。马克思主义是中国教育科学研究的方法论基础，它科学地解决了教育与社会的关系和教育的本质问题。马克思主义关于人的全面发展和教育与生产劳动相结合的思想是中国教育方针的理论基础。我们要坚持以马克思主义为指导不动摇。

第二，坚持以中华优秀传统文化为基础。中国教育是在中国文化的背景下发展起来的，中国文化是它的核心基础。中国文化是中国教育发展的源泉。中国教育学科体系的建设要正确对待中国传统文化和中国教育传统对现代中国教育的影响。要继承中国优秀教育传统。中国历来重视教育，而且积累了丰富的教育经验和合乎青少年成长规律的教育原则和方法，例如教育兴邦、尊师重教、德育为先、严谨治学、因材施教、教学相长等。《论语》《学记》《师说》等著作中的教育箴言，都属于典型的教育学的中

国话语体系。中国教育学科体系的建设，要把中国优秀教育传统作为研究对象，推陈出新，把学科建设和学术研究结合起来。

第三，以研究和解决中国现实教育问题为鹄的。改革开放以来，我国教育有了很大的发展，高等教育实现了跨越式发展。中国教育的规模和质量都已经超越了世界中等发达国家水平。中国教育工作者创造了新鲜的教育经验。中国的教育实践已经走在教育理论的前面，需要教育理论工作者去总结提升。同时，要向外讲好中国教育故事，积极参加全球教育治理。

北师大120年来为中国教育学科的建设和中国教育的发展作出了应有的贡献。但要认识到我们今后的任务更加艰巨繁重。我们要认真学习习近平新时代中国特色社会主义思想，以习近平总书记关于教育的重要论述为指导，踔砺前行，为建设中国特色教育理论体系而努力。

（纪念北京师范大学建校120周年所作，原文载于《北京师范大学学报》2022年第5期）

深化教育改革问题的讨论

教育的本质就是提高生命的质量和生命的价值

甲辰初秋 顾明远

对深化教育改革的几点建议

党的十八大以来，在以习近平同志为核心的党中央的领导下，我国教育有了很大的发展。特别是近年来中央出台了几个文件，使得基础教育生态有了较好的变化。我国教育改革已经进入深水区。为了深化教育改革，实现教育现代化，提出以下几点意见供参考。

一、我国学制亟待研究改革

我国现行学校制度是1951年制定的，但从中小学校制度来讲，基本上沿用了1922年的旧学制。今天我国教育的形势已经发生了很大变化，中小学校制度亟待进行研究改革。因为：

第一，旧学制已经不适合于今天我国新时代中国特色社会主义现代化建设的现状和教育发展战略与方针。

第二，学制需要符合儿童发展的规律和特点。今天的儿童已经大不同于上个世纪五六十年代的儿童。今天的儿童发育较早，智力比过去发达，吸收知识的渠道丰富多样，各年龄阶段的特征有所变化。这就需要对旧的学制进行调整。

第三，我国已经普及了九年义务教育，高中阶段也将普及，高等教育实现了跨越式发展，教育已经由精英教育时代进入了大众教育时代。

第四，当今时代已经进入信息化时代，新的学制应该反映终身教育的新理念。

新中国成立以来，许多地方和学校做过学制改革的尝试，已积累了一些经验。例如：北京师范大学实验小学从1958年建校起就实行的五年制，直到1988年为了应付当时"小升初"的全市统考，才停止实验；北京景山学校在1960年建校之初是实行的"十年一贯制"，改革开放后实行小学初中九年一贯制至今；上海市至今小学仍是五年制。

制定新的学制需要认真研究，从理论和实际两个方面论证清楚。既要遵循儿童和青少年发展的规律，又要适应我国经济社会发展水平；既要参照国际上的先进经验，又要符合我国的国情。特别要考虑到我国的特点。我国人口众多、幅员辽阔，各地区发展极不平衡，是世界上最大的发展中国家，正处在社会主义的初级阶段，同时进入高速发展的新时代。这就决定着我国学制应具有时代性、发展性、多样性、灵活性的特点。

建议：

第一，实行义务教育九年一贯五四分段制。小学生潜力很大，五年完全可以完成现在六年的学习任务；初中课程较多，学生负担较重，分化比较严重。五四分段比较适合儿童和青少年年龄发展的特点。九年一贯的学校，可以把小学和初中的课程整合起来。

第二，义务教育后分流是合适的。我国还是一个发展中国家，而且发展很不均衡，实体经济是我国经济发展的主体，需要大批职业技术人才。遵循因材施教的原则，我国学制安排应该考虑更多的多样性和灵活性，在初中后分流是合适的。

第三，加强职业技术教育。建立职业技术教育与企业合作的体系机制，使职业学校的学生毕业就能就业。职业技术教育在学习年限及招生录取制度方面也要体现多样性、灵活性，建立沟通职业技术教育和普通教育的立交桥，使学生有更多的选择，体现终身教育的精神。

第四，目前高等教育的结构头重脚轻、同质化现象严重。高等学校要分类分层设置，分类管理。根据我国经济社会发展的现状，有必要在新的学制中突出应用性高级专门人才培养的地位。

第五，现代教育的基本特征是终身教育，除了正规的学校教育是终身教育的主体以外，各种形式的继续教育，包括正规的与非正规的、长期的与短期的各种培训班、训练班应该在新的学制中有一定的位置。

二、加强农村教育改革和发展的力度

要把教育改革的重点放在农村。尽管中西部地区和农村地区教育在过去几年中有很大的发展，但是仍旧需要继续加强。目前教育的投入很不均衡。据国家统计局公布的数据，北京、上海的教育投入是中原地区河南、湖南、江西等地的四至五倍。人口众多的中原地区，特别是农村地区教育投入不足，严重影响农村教育的发展。建议：

第一，制定一个全国教育事业费的最低标准，发达地区上不封顶，欠发达地区达不到最低标准的，由国家统筹，转移支付。

第二，当前要加强县域教育的投入，要把县中办好。办好县中对农村振兴具有战略意义，对促进义务教育均衡发展至关重要。要把县中办好，以带动乡村义务教育的发展与提高。

第三，提高教育质量，关键在于校长和教师。因此，需要进一步加强农村地区教师队伍的建设，坚持和完善公费师范生政策、特岗计划以及乡村教师计划。应该让地方师范院校实施公费师范生制度，招收本地生源，这样可以使这些教师下得去、留得住。一方面，要继续提高他们的待遇，并给予更具吸引力的区域性补贴；另一方面，要为该地区教师的专业发展提供更多的平台和空间，使青年教师有进一步在专业上发展的空间，使他们有事业的成就感和幸福感。

第四，改革教师培训制度。除了国培计划、省培计划以外，可以用多种形式把城市的优质资源输送到农村。可以采取省级一对一、市县级一对一、校级一对一的方式把优质资源输送到农村。

第五，农村教育除了传授课程中的基本知识以外，更重要的是要培养学生打破农村封闭式的思维，拓宽视野，让他们看看外部世界，思考如何利用本地的优势发展产业，发展乡村文化。

农村教育要把普通教育、职业教育、成人教育统筹起来。需要加强当地的成人教育，加强乡村文化的建设。使当地的青年能够有发展家乡的强烈意愿，又有知识和技能。因此，教育帮扶不仅要把知识带下去，最好把技术也带下去。要开展农村职业教育，根据当地的条件与需要，结合当地农村规划，开办一些职业高中和职业培训班，提高他们的发展能力。

三、加强职业技术教育

我国很长一段时间对职业技术教育不够重视，社会上对职业学校及其学生有歧视的现象，所以出现"技工荒"。我国是制造业大国，培养熟练工人和技术人员十分重要。必须改变对职业技术教育的态度，提高职业技术教育的声誉。为此建议：

第一，加强职业技术教育的投入，增加资源的配置，加强双师队伍建设，提高教育质量。现在国家对高等职业教育已有许多新的政策，但对职业高中还没有明确的政策。我建议，要加强职业高中的建设。职业高中只能加强不能取消。因为：一是不是所有的儿童都能接受高等教育；二是总有一部分学生动手能力强，学科学习较困难；三是社会生产需要初级熟练工人。因此要把职业高中办好。

第二，建立职业技术教育与企业合作的体系机制。职业技术教育光靠教育部门是难以办好的，必须有劳动人事部门、专业部门参加，只有这样才能使职业学校与企业真正合作，不仅使职业学校的学生获得技术培训，而且使他们毕业就能就业。这样职业学校才有吸引力。同时要建立沟通职业技术教育和普通教育的立交桥，使学生有更多的选择，体现终身教育的精神。

四、关于校长和教师的轮岗流动

为了促进教育均衡发展，各地都在采取教师、校长轮岗流动，优质学校支援薄弱学校。我认为，这种流动要精密设计。我不大赞成校长的轮岗流动。校长是一个学校的旗手，建设一所学校要长期持续地努力，换一个校长，可能另一个主张，不利于学校建设。同时，校长对学校应有归属感，轮岗到别的学校，可能会缺乏长期打算，缺乏归属感，缺乏深厚的感情，教师对新校长也会缺少亲密的情感。过去许多名校都是在名校长带领下长期发展建设起来的，如上海育才中学的段力佩、天津的韦力，都是一辈子在一个学校。美国哈佛大学校长艾略特，当了40年校长，把哈佛建设成世界一流大学。

薄弱学校的校长任命可以用竞聘的办法。区域内的校长、教师都可以参加竞聘，提出办学设想和改革方案，由区域教育管理部门、专家委员评审遴选决定。

（2022年2月28日）

近些年来我对职业中学又存另一种想法。当前除了一些办得好的职业高中外，一般职业高中缺乏吸引力，家长不愿意把孩子送入职业高中。我认为应实行综合高中制度，高中实行多样化，课程模块化，供不同需求的学生选择。把学生的选择与不同类型的高等学校联系起来。把选择职业性模块的学生和职业高等学校衔接，以提高我国的职业教育。

（2024年7月20日补充）

化解"双减"后新矛盾，须提升育人水平

"双减"政策落实以来，已经取得明显成效。学生课业负担减轻了，学生高兴了，但老师觉得责任重了，负担也重了。有些家长对减负还不太理解，担心学生学习成绩会下降。"双减"政策推进后，产生了一些新的矛盾。

如何化解这些矛盾？首先要认识为什么要减负。减负之前，中小学最突出的问题是，学业负担太重。学生整天埋头于作业，睡眠不足，又缺乏锻炼，体力下降。学生负担太重，不仅影响到身体，而且影响到心理健康。学生对学习缺乏兴趣，被动学习，不仅效率不高，而且会形成扭曲的心理，把学习作为竞争的手段，把同学作为竞争的对手，缺乏抗挫折的能力。学生负担太重，没有时间走向大自然、走向社会，不了解世界、不了解社会，缺乏宽广的视野、丰富的知识、创新思维和能力，对他们将

化解"双减"后新矛盾，须提升育人水平

来的学习和发展都很不利。减负就是为了贯彻教育方针，落实立德树人的问题。负担减轻了，就能真正做到"五育"并举，使学生德智体美劳全面发展，成为社会主义建设者和接班人。

《关于进一步减轻义务教育阶段学生作业负担和校外培训负担的意见》从学校课后服务水平、教育教学质量、教师参与课后服务等方面，对义务教育阶段的学校和教师提出了新要求，这不可避免地会增加教师的负担。

教师的负担确实加重了，教师不仅要管课堂，还要管课后，要管学生放学后的两个小时。我觉得要从两个方面来解决这个矛盾。一方面，学校要调整管理方式，帮助老师解决困难，例如实行弹性坐班制；做好家长的工作，让家长理解"双减"的意义，争取家长的配合；同时充分调动社会力量来解决学生课后的托管辅导问题。另一方面，也是最主要的，要深化教育教学改革，上好每一节课，教好每一个学生。要把课堂作为立德树人的主阵地，让每个学生在课上学懂学会了，学生课堂效率提高了，课后就可以减少作业负担。

这就要求提高教师的育人水平。要深化课堂教学的改革，充分发挥学生的主体作用。现在学界流行"深度学习"的概念。什么是深度学习？就是让学生自己去探索、去思考、去掌握知识及知识的本质。古人曰：学而不思则罔，又曰：举一反三。只有让学生主动地、积极地学习才能做到。要改变教师单方面传授知识，学生被动地接受知识，然后用题海战术来巩固知识的局面。

教师在课堂上把学生教会、教懂了，课后就可以少布置作业。现在大家都在研究怎么布置作业、布置什么样的作业。布置作业也有大学问，作业不在多，而在精，在于能使学生思考，掌握知识的本原，减少机械的练习。作业少了学生就有时间参加各种活动。

教师要深入研究教材，掌握教材的核心概念及其本质原理。教学中不是简单地把现存的知识（公式）教给学生。有一次我听了一节数学课，老师讲"三角形的面积"，他让学生在黑板上画了正方形、长方形，对角线分开，说明三角形的面积是高乘底除以二。但一位学生画了一个菱形，这位老师就不知所措了，最后说："只有等边三角形才能这样。"说明这位老师自己没有掌握三角形面积的原理，也没有把最基本的概念教给学生，只是把公式教给了学生。教学的本质是促进学生的思维发展。一堂好课就是要通过教材中的知识来启发学生的思维。学生掌握了，就可以减少课后作业负担，提高学习质量。

教师要深入研究每一个学生。教书育人在细微处，老师不仅要研究教材，还要研究学生。每个学生天赋不同，思维的品质不同。有的学生思维敏捷，但不一定深刻，常常举手回答；有的学生思维缓慢，但思考问题较深，可能不喜欢举手抢答。每个学生都会有各种表现，老师要了解学生的特点，然后因材施教，使每个学生都能学懂学会，不断成长。《学记》里有一段话："学者有四失，教者必知之。人之学也，或失则多，或失则寡，或失则

化解"双减"后新矛盾，须提升育人水平

易，或失则止。此四者，心之莫同也。知其心然后能救其失也。教也者，长善而救其失者也。"这段话至今犹有现实意义。

教师要把学习的选择权还给学生。以学生为主体，培养学生的兴趣和爱好，改变"被教育""被学习"的现状，让学生主动地、积极地、有兴趣地学习。对因材施教正确的理解是给不同的学生提供适合的教育。学校和教师的责任是为每个学生营造一个良好的学习环境。学习本来是学生自己的事，要靠自己的努力。把学习选择权还给学生，并不是放任不管，教师有责任加以引导、指导。特别是低年级的儿童，他们还没有能力选择，更需要教师和家长的指导。我们要相信每一个学生，让他们自己生动、活泼、自由地发展。要相信孩子，相信他们的能力。我们的教育其实就是在挖掘他们的能力，启发他们的能力，不是我们给他们多少知识，而是要帮助他们发挥自己的才能。

课堂教学质量提高了，学生的作业负担减轻了，学习成绩提高了，家长的焦虑打消了。相应的，老师的负担也会有所减轻。因此，当今学校的工作要把重点放在课堂教学上。教师要不断钻研反思，提高育人水平，提高课堂教育质量，只有这样才能化解由减负而产生的新矛盾。

（原文载于《中国教育报》2022年4月13日）

新时代中国基础教育改革发展要回答的十个问题

习近平总书记在二十届中共中央政治局第五次集体学习时强调，教育兴则国家兴，教育强则国家强。建设教育强国，基点在基础教育，龙头是高等教育。从教育大国到教育强国是系统性的跃升和质变，必须以改革创新为动力。建设教育强国、科技强国、人才强国具有内在一致性和相互支撑性，要把三者有机结合起来、一体统筹推进，形成推动高质量发展的倍增效应。

在加快建设教育强国的进程中，教育内部、外部都面临着一系列亟须解决的重要问题。《中国基础教育》杂志就社会各界广泛关注的基础教育十大热点问题，采访了北京师范大学资深教授、中国教育学会名誉会长、国家教师教育咨询专家委员会主任委员顾明远先生，请他谈谈对新时代中国基础教育改革与发展的新思考。

新时代中国基础教育改革发展要回答的十个问题

问题一：教育发展不均衡不充分的难题

《中国基础教育》：顾先生您好！感谢您接受我们的专访。早在 2014 年，您在《中国教育路在何方》一文中就系统地表达了对中国教育的思考。当前在加快建设教育强国的背景下，面对"中国教育路在何方"这一话题，您是否有新的思考？我国基础教育还面临哪些共性问题需要进一步解决？

顾明远：教育是热点问题，受到社会广泛关注。我们要将教育改革的成败放在历史背景下理解，对来自社会各界不同的声音要有理性的判断。改革开放以来，中国教育改革取得的成就有目共睹，但也面临着一些问题。2014 年春节期间，我写了一篇 7 万多字的文章，叩问"中国教育路在何方"。我对当时社会关注度高的教育问题进行了梳理，思考我们的教育到底出现了什么问题，为什么会出现这些问题。

其实，教育领域呈现出的问题很多都不是教育本身的问题，教育问题也反映了一定的社会矛盾。文章自发表以来，我国的教育快速发展，教育质量不断提升，各级各类教育取得了很大成就，我国很多城市的基础教育在世界上已经居于领先水平。但当前，我国基础教育依然存在发展不均衡、不充分的问题，尤其是乡村教育水平有待提高，这是当前及今后我们推进教育改革中必须面对的一个难题。

党的十八大以来，国家对教育投入不断增加，师资队伍建设有新进展，但仍存在一些问题。在人民群众对教育的期盼与教育发展不均衡不充分存在矛盾的背景下，农村的教育设施改善了，但教师的水平有待提高。没有乡村现代化就没有中国现代化。乡村兴则国家兴，乡村振兴要靠人才，人才培养靠教育。当务之急，是要切实推动新时代教师队伍建设改革，将教师队伍建设作为教育投入重点予以优先保障，培养高素质教师队伍，确保党和国家关于教师队伍建设重大决策部署落实到位。

问题二：加快建设高质量教育体系面临的挑战

《中国基础教育》：党的二十大报告提出，要"加快建设高质量教育体系"。习近平总书记在二十届中共中央政治局第五次集体学习时强调，要坚持把高质量发展作为各级各类教育的生命线，在您看来，建设高质量教育体系，我们主要面临哪些挑战？

顾明远：加快建设高质量教育体系，我们面临着多种挑战：一是要为实现第二个百年奋斗目标培养高质量的创新人才。二是世界发展面临百年未有之大变局，国际竞争日益激烈。国际竞争说到底是人才的竞争，在这个过程中教育的全局性、基础性、战略性作用越来越凸显。三是科学技术迅猛发展，人工智能、大数据、数字化技术等，正在引发教育领域更深层次的变革，我们必须有足够的勇气和能力来迎接这场挑战。

建设高质量教育体系，基础教育工作者责任重大。基础教育要面向未来，转变教育观念，创新人才培养模式，以学生为主体，充分发挥学生的创造潜力。这也是建设高质量教育体系的本质要求。

问题三：人工智能对教育的冲击和改变

《中国基础教育》：人工智能逐渐走进日常生活，也给教育领域带来了冲击和挑战，如 ChatGPT 是近来专家学者热议的焦点。面对人工智能带来的机遇和挑战，中小学校如何应对？教育需要作出哪些改变？

顾明远：人工智能的发展必然改变人们的生产生活方式，这是生产力发展的必然结果，也必然会影响和改变教育生态、教育方式和师生关系。以 ChatGPT 等为代表的新技术对教育的影响是不可抗拒的，中小学校应顺应时代接受它、利用它为教育赋能，促进教育质量的提高。

人工智能时代，教育需重点解决好三个问题。一是认识问题。广大教师对新技术的优势、风险要有正确的认识，既不能拒绝，也不能盲目使用。二是技术问题。人工智能等新技术发展快速、产品更新迭代快，很多教师或多或少还存在使用困难的问题，因此需要在新技术应用方面加强对教师的培训。三是教育软硬件供应还不充足的问题。教育软硬件的研发应充分考虑其在教育中的应用实际，思考所设计的功能对师生来说是否有用、好用。

在教育中运用新技术还要处理好三对关系。一要处理好技术与人文的关系。在教育领域深度应用新技术时，立德树人根本任务不能变，人文精神培养不能变，中华民族的优秀传统不能变。

技术可以模拟人的情感表达方式，但代替不了真实的情感，终究，人要靠人来培养而不是靠机器来培养。二要处理好传统教育与现代教育的关系。不管信息技术在教育中怎样应用，应用本身依然要立足于教育发展的传统和基础。很多名师上课就靠粉笔和黑板，与学生情感交流丰富，教学生动、流畅。这种来自人格魅力、深厚学养的教育是机器无法替代的。教育是培养人的，人的成长不像机器的升级换代那样简单。因此，一些传统的教育手段不能随便丢掉，教学要有人情味。三要处理好虚拟世界与现实世界的关系。现实世界毕竟是复杂多变的，技术无法替代现实，依然需要让学生多走向大自然、走向社会，通过亲身体验来获得知识、增加智慧。

问题四：高素质强国之师的培养与修炼

《中国基础教育》：大国教育呼唤大国良师，教育强国需要强国之师。随着人工智能的发展、经济社会的转型，您认为当前基础教育阶段教师发展面临的挑战有哪些？如何应对这种挑战？

顾明远：教师是建设高质量教育体系的关键，培养社会主义建设者和接班人迫切需要一支高素质专业化创新型教师队伍。改革开放以来，我国教师队伍建设取得了巨大成就，逐步探索出了一条坚持党的领导、以师德建设为核心、不断提升质量和岗位吸引力的中国特色社会主义教师队伍建设之路。

随着教师规模不断扩大，不同地区不可避免地出现了发展不平衡、不充分的问题。有些地方教师待遇还不能很好地得到保障，有些地方教师质量还不达标，还有些地方很难招聘到合格的教师，特别是在一些中西部乡村地区，教师招不到、留不住的现象十分突出。提升乡村教育质量的重点要放在教师队伍建设上，要加大公费师范生教育，加强教师培训，提高教师育人的专业水平。

教师专业成长要经过五项修炼。第一项修炼是意愿。首先要有做教师的意愿，这是教师成长的基础。第二项修炼是锤炼。教师在教书育人的过程中会遇到很多困难或问题，要不断反思自己的教育行为，锤炼自己的心性。第三项修炼是学习。教师要通过不断的学习提高教书育人的本领。第四项修炼是创新。时代在前进，社会在变革，人机结合会创造出新的教育模式、学习方式，面对时代变革，教师要转变观念，敢于尝试，勇于创新。第五项修炼是收获。教师最重要的收获并非物质的回报，而是精神的满足。

问题五：乡村教育振兴与乡村教师能力提升

《中国基础教育》：在城镇化浪潮影响下，乡村教育面临经济社会发展不均衡、教育资源不足、人才流失等困境。在乡村振兴、发展乡村教育的时代背景下，您如何看当前面向农村学校的支教与帮扶？

顾明远：振兴乡村教育，培养教师是第一位的。建设高素质、专业化教师队伍，必须补齐乡村教师短板。繁荣乡土文明必须尊重教师、信任教师、依靠教师，当务之急是要提高乡村教师的专业水平，让乡村教师通过教育工作充分挖掘和保持当地的文化。我到乡村学校考察时发现，乡村教师队伍建设的问题还有很多，如不少乡村教师缺乏学习的意识和方法，与城市教师的差距较大；同时，学生在流动，教师也在流动，不利于乡村教育的可持续发展。

支教是一种有效的办法，应该长期、稳定地开展，这不仅仅是政府和学校的责任，还要吸引有教育情怀的社会力量加入，可以依托一些机构来推动。如有一个项目叫"校内外"，开展"校内外提质强师计划"，是针对云南昭通八个国家乡村振兴重点帮扶县补齐教育短板而发起的公益帮扶项目，这个项目充分发挥互联网优势，线上线下结合，搭建"双师智慧课堂"，帮助乡村学校一线教师提高教学水平和教学质量。

说起支教，我特别要提的是浙江省杭州市学军中学原校长陈立群。作为全国名校长，他退休后到贵州省台江县民族中学担任校长，将当地学校发展带上了新的高度，他的无私奉献也得到了社会的广泛认可，2019年被授予"时代楷模"称号。乡村教育的发展离不开优秀校长的付出，希望更多的优秀校长能够参与到乡村教育的建设中来。从我接触过的校长来看，这样的好校长是有一些共性特征的。第一，有想法，对于学校的发展、教师队伍的建设有想法有思路。第二，有领导力，能够将教师的积极性调动起来。第三，能沉下来，关心学校的教学工作，好校长一定要走进教室、走近教师、走近学生。

问题六：学校如何更好地以实践育人和活动育人

《中国基础教育》：您一直都坚持主张"没有爱就没有教育，没有兴趣就没有学习，教书育人在细微处，学生成长在活动中"的教育理念。您为何提倡"学生成长在活动中"？学校如何做才能更好地以实践育人、活动育人？

顾明远：这四句话是我的教育信条，是我和很多老师的经验。第一，"没有爱就没有教育"是霍懋征老师较早提出的，我有深切体会。我刚工作的时候，很多人的观念里"爱"和"教育"是对立的，教育是要严格甚至严苛的，我也是在与孩子的接触中才慢慢发现，不爱孩子就无法谈对孩子的教育。教师对孩子的爱是一种无私的、不求回报的爱。第二，没有兴趣就没有学习。学生有了兴趣，就有学习的动力，就能学得更好，更容易取得进步。第三，教书育人在细微处。学生的感情既丰富又脆弱。学习、竞争压力大，学生心理健康问题频发，为此，教师需要细微地观察、捕捉学生的情绪变化。第四，学生成长在活动中。儿童在活动中能够更好地表现自己，激发自我成长的欲望，培养起自信心。好的活动能够让学生的双手、嘴巴、头脑都动起来，最大限度地激发他们的创新思维。

我要特别强调的是"学生成长在活动中"。这里的活动既指学生在学校课堂上的活动，也指在家庭和社会实践中的活动。外在的一切教育影响都是儿童成长的条件，而成长的决定因素是儿童自己的活动、自己的体验。同时,"活动"并非单指肢体行动,更重要的是思维活动。学习是一种思维活动,学生只有在积极思维活动中才能获取知识和能力,才能把知识内化为智慧。我们所提倡的因材施教、培养兴趣、发挥特长、把选择权交给学生,都是为了激发学生的积极思维活动,让学生真正在活动中成长。学校、教师要为学生创造活动的环境,组织学生积极活动,在活动中培养学生的责任感,使其学会与同伴沟通与合作,养成各种社会品质,以促进学生全面发展。学生的活动需要一定的引导、指导和帮助,学校和教师要根据不同年龄段学生的特点精心来设计,引导其主动参与。

问题七：学生全面发展与身心健康问题

《中国基础教育》：您总是强调青少年的培养要"健康第一",可是现在的孩子的确存在很多健康问题,比如运动能力弱、近视率高,有些地方有抑郁倾向的孩子也在增多。对于这些问题您怎么看？

顾明远：基础教育是为人的成长打基础的,要为孩子的身心健康、终身学习打好基础,为今后进入社会打好基础,而身心健康是基础的基础,关系着学生全面发展的质量。但当前,我们的教育在促进学生全面发展的同时,往往忽略了学生的健康问题。义务教育阶段最突出的问题是学生课业负担太重,学生整天埋头于作业、上辅导班,睡眠不足、缺乏锻炼、体能下降,不仅影响身体健康，也导致心理问题频发。越来越多的学生因身心负担沉重而逐渐失去对学习的兴趣，被动学习现象非常突出。

基础教育阶段的学生正处在长身体、长知识的时期。"健康第一"不只是体力的健康，也包括心理的健康。中小学校要培养学生活泼开朗的心态，让他们经得起挫折，具备健全的人格和克服困难的能力。要培养学生积极的社会情绪，为其步入社会打好基础。学校是学生离开家庭走向社会的第一步，须让他们从小认识他人、认识社会，学会与人交往、与人沟通、与人合作，拥有开放、包容的心态。

不久前，教育部等17个部门联合发布《全面加强和改进新时代学生心理健康工作专项行动计划（2023—2025年）》，提出"五育并举促进心理健康""加强心理健康教育""规范心理健康监测""优化社会心理服务"等重点工作任务，在"完善心理预警干预"举措中，提出要"健全预警体系"，这个很有必要。我们要"重点关注面临学业就业压力、经济困难、情感危机、家庭变故、校园欺凌等风险因素以及校外实习、社会实践等学习生活环境变化的学生"。对受到重大突发事件影响的学生，要强化应急心理援助，有效安抚、疏导和干预，进一步保障青少年心理健康。总之，全社会要共同关心学生的心理健康问题，让他们能够主动学习、愉快学习，培养兴趣爱好和创新能力。

问题八：人才观与学生的个性化成长问题

《中国基础教育》：您是向来反对学习竞争的，现在的成才路径越来越多元化，学生也面临着选择的困难、困惑。您认为如何高效分配教育资源，满足学生的个性化成长需求？

顾明远：在充满竞争的市场经济环境里，我们的教育存在一个误区，即要让学生有竞争意识。社会大环境带来教育的焦虑问题，只有社会竞争缓和下来，教育中的竞争意识才能慢慢缓和。教育不应过分强调竞争，同学或者说学伴之间的关系应该是互相帮助、互相促进的，而不是"我好，不能你好""我的经验、方法你不能学"。当前，很多出现心理问题的学生都是我们所谓的"好学生"，这难道不值得我们认真反思吗？高考是竞争，但有各种因素，如专业、身体素质、个人兴趣等都影响高考成绩和对学校、专业的选择，因此高考的竞争和同学间共同学习、进步没有太大矛盾。学习和工作中都需要团队成员的互相配合、相互成就。

弱化竞争意识意味着社会要树立正确的人才观，人才是多元化的。教育不能单纯强调知识和技能的传授，而更应重视学生综合素质、人格修养的发展，重视学生个性的培养和发掘，努力培养有思想、有情感、有理想、有活力的人。

问题九：拔尖人才与创新人才培养问题

《中国基础教育》：当前，国与国之间的竞争愈发凸显出我国拔尖创新人才紧缺的现实，社会各界都在讨论和关注拔尖创新人才培养这一话题。您如何看待在基础教育阶段培养拔尖创新人才的问题？

顾明远：国际竞争的核心是人才竞争，谁掌握了人才谁就掌握了竞争的主动权。清华大学钱颖一教授提出，我国人才存在高"均值"、低"方差"的现象。"均值""方差"都是统计学的概念，"方差"小就是两端的人少、出众的人少、"杰出人才"少、"拔尖人才"少。我们现在的人才结构是有"高原"，但没有"高峰"。

培养拔尖创新人才，需要关注两个不同的概念：一方面，拔尖人才是极少数的，如诺贝尔奖获得者；另一方面，创新人才是大众的，创新能力是可以培养的，学校有责任培养每个孩子的创新意识、创新能力。一般而言，少数的拔尖人才是在大众创新人才基础上脱颖而出的。每个孩子都有创造力，都有创造的天性，为何不能发挥出来？其原因在于，有些因素抑制了孩子的创新精神、创新能力。教育改革要让每个孩子都有人生出彩的机会，不断激发学生的创造力、使之成为拔尖人才；同时，也要善于发现脱颖而出、天赋超常的孩子，并有针对性地实施适合的教育。

问题十：学制改革的方向问题

《中国基础教育》：我国目前实行的主要是"六三三"学制和九年义务教育制。社会上关于学制改革的呼声一直不断，有人主张全面推行"五四"学制、十年或十二年一贯制，并将高中教育纳入义务教育阶段。您认为未来我国在学制改革方面可以作出哪些探索和尝试？

顾明远：我们的学制要改革。中国现代学制从 1922 年至今已有百年，新中国确立的新学制也已经几十年。20 世纪 60 年代，毛泽东同志就提出，教育要改革，学制要缩短。1960—1963 年，中央曾经成立学制改革小组，对学制改革进行讨论。"文化大革命"期间的学制，是小学五年、中学五年。"文化大革命"后相当长一段时间，是小学五年、中学六年。北京师范大学实验小学直到 1988 年才改为六年制。上海则依然实行小学五年制。

为什么主张"五四"学制？我认为，小学的潜力很大，只要教学得法，学生完全可以掌握教材的内容。很多研究证明，学生学业成绩的分化主要在初二。现在大家都主张九年一贯制，将小学初中贯通起来，不要派位、考试、选拔。中小学实施九年一贯制后，重复的内容就可以整合、去掉。当然，如果实施学制改革，初中要变大，初中教师要增加，有很多现实难题。因此，我也主张，先实施九年一贯制，或者初中与附近的小学对口，实施异校一贯，这或许是一种可行的路径。

（原文载于《中国基础教育》2023 年第 9 期）

高中教育，需为培育创新人才打好扎实基础

在高中阶段学生的世界观、人生观、价值观初步形成，所以高中教育至关重要。我想澄清一些概念。现在大家都在讲教育要培养创新人才、杰出人才，我认为创新人才和杰出人才是两个不同的概念。杰出人才是创新人才中的最少数，是在长期努力工作中有所发现、有所发明，为国家为人类作出重大贡献的人才。这种杰出人才不是培养出来的，而是凭借他们自己的优秀品质奋斗出来的。而成为创新人才是大多数人可以做到的，社会上的各行各业都需要有创新精神和创新能力的人才。因此我们的高中教育不能只看重一些天赋突出、学习优秀的人才，而应该要为培养创新人才打好扎实的基础。

在高中阶段，学生逐渐显示出不同的特长和兴趣爱好，因此高中教育要因材施教，多样化办学，在国家规定的必修课程外开设

一些选修课，为不同的学生提供适合他们发展的课程。最近出现普通高中办学"以择业为导向"的提法，我很不赞成。如果是职业高中，可以这样提。但普通高中提"以择业为导向"显然是不合适的。普通高中教育属于基础教育，是为学生进一步学习打基础的。在普通高中，学校要重视学生学习兴趣的培养、因材施教，使每个学生逐步认识和明确自己的专业志向，以便进入大学后继续发展，而不是为了择业而作准备。

当前，我国教育进入了一个新时代，要建设高质量教育体系，实现教育现代化。普通高中要坚持党的教育方针，把立德树人作为学校的根本任务，深入课程教学改革，以课堂教学为主渠道，重视学生核心素养的培养，为他们将来成为创新人才打下坚实的基础。

（本文为2022年11月21日在高中教育发展论坛上的发言）

关于"普职同重"问题的一些思考

《财经杂志》:"普职同重"在国家政策层面已经"加码"多时,但在实践层面,职校与普通中学并肩依然任重而道远。随着我国产业结构的调整,国家层面将更加重视职业教育,然而部分家长依然对职校持有负面印象。应该承认的是,中国职校教育体系确有不完善、不规范之处。中国有无可能对标德国,建设一批高质量职校?中国如何培养高端制造人才?以下相关问题希望得到您的宝贵见解。

初中升高中阶段"五五分流",这个政策提出的初衷是什么?目前,为了避免孩子被分流到职校,有机会上普高,家长"教育焦虑"尤为严重。为什么职校在国内认可度如此低?若想达成国家提出"五五分流"的目的,还需要做好哪些配套措施?

顾明远:原因是多方面的。一个是传统文化的影响,我国传统文化历来讲"学而优则仕""读书做官",没有说"学而优则工""学而优则农"。二是当前存在着分配不公、贫富差别,上了普通大学,尤其是重点大学,毕业以后的收入就会比较高。每个家长都希望孩子将来能够有一份收入高的工作,过上幸福的生活。三是我国过去工业化、现代化程度不高,对工匠的需求不高,因此对职业教育不够重视,特别是21世纪之初大学扩招以后,职业高中逐渐萎缩。四是"文化大革命"中撤销了中专,"文化大革命"后许多中专升格为高专。职业高中一直在低水平运转。考不上普高的只能上职高,职高的生源质量太低,办学水平也太低,一般家长不愿意把孩子送到职高。因此,长期以来社会上就形成了看不起职业教育的观念。

《财经杂志》:1980年以后,国家推出许多重视职业教育的政策,例如将普通高中改为职业高中,将职业教育上升到专科教育层次等。为什么国家在这一阶段如此重视职业教育?其背后的经济发展轨迹与人才需求分别是什么?

顾明远:20世纪80年代的政策恰恰反映了对职教的不重视。过去的中专升格了,好像重视职教了,但没有地方培养熟练技术工人了。把一部分薄弱学校改为职高,再加上当时我们工业尚未转型,职高的专业都是劳动密集型的工种,如酒店服务业、餐厨业等。家长自然不愿意送孩子进这类学校,社会上也形成了不重视职教的观念。

《财经杂志》:2018年以后,职业教育再度在国家政策层面被

关于"普职同重"问题的一些思考

赋予重要意义,这次的"职教优先"与前次相比有何背景及措施上的不同?从落地效果来看,目前职教的接受度不如20世纪80年代,原因是什么?

顾明远:这次是真正重视起职业教育来了。因为我国已经从工业落后的国家成为工业大国、制造业大国,而且工业要转型,要从制造业大国转变为创造业大国,这就需要大批的技术工人。加强职业教育,被提上了议事日程。

《财经杂志》:国务院印发的《国家职业教育改革实施方案》指出,职业教育与普通教育是两种不同教育类型,具有同等重要地位。然而,职业技术教育依然受到歧视,不被多数学生家长接受。仅靠制度为职业教育"正名",是否远远不够?还需要在实操层面作出哪些努力?

顾明远:要从政策上提高职业教育的地位,需把政策落到实处,一是要加强对职业教育的投入;二是要对职业教育进行深入的改革,特别是要把职业学校与企业联合起来,培养技术工人所需的实际技能,并且学生毕业以后能立即就业;三是要提高职业学校毕业生的待遇。这样职业教育才能有吸引力。

《财经杂志》:职校与普高的培养模式、培养目的、教学体系有哪些不同?针对目前中职社会接受度较低的情况,您认为应该采取提升中职教学质量,取消中职办普高、普高之后再分流,还是发展普职融合的教学模式?

顾明远:普高主要是为升学作准备,职高是培养技术工人或农民，两者培养目标不同，教学内容不同，教学方法不同，整个教学体系不同。关键是职高要进行深入改革，对口社会的需要，提升教育质量。有学者提出高中阶段都实行普高，高中毕业后再分流。但普高仍然存在质量不均衡的问题，仍然存在名校与薄弱学校的区别。不可能把现在的职高一下子办成优质普高，因此也仍然不能满足所有家长的要求。当前我国高等教育毛入学率虽已达到54.4%，但还有40%的高中生上不了大学，普高毕业又没有什么技能，更难以就业。同时有一部分学生可能对学科学习缺乏兴趣，但动手能力很强，应该给他们提供学习机会。

《财经杂志》：一方面，2011年起，中国求人倍率持续上升，职高、技校、中专求人倍率更高。另一方面，就业难、求职难现象普遍，为什么求人难与就业难同时发生？背后是否出现了人才结构性错配？

顾明远：这就是教育与社会需求脱节的结果。所以教育要改变，用人单位也要参与学校改革，而不是等着学校为其培养合格毕业生。

《财经杂志》：虽然社会上需要大量技术工人，但从目前的社会收入、技术工人的培养来看，技术工人似乎没有得到太多的重视。造成这样的原因是什么？

顾明远：当今我们还是一个学历社会，不是能力社会，长期以来工资待遇主要与学历挂钩，不是与能力挂钩。

《财经杂志》：职校生缺口很大，原因之一是毕业后薪资低，以中国排名第一的高职——深圳信息职业技术学院为例，毕业生平均薪资5 000元，是什么原因造成职校生较低的收入前景？随着国家高端制造目标的推进，未来有无可能成立一批专门为高端制造人才建设的高端职校？

顾明远：回答同上。

《财经杂志》：曹德旺办了福耀科技大学，目的是解决高端制造业人才短缺的问题，在中国有专门培养高端制造业人才高校的先例吗？为什么最后是由个人来完成创办这类大学的？

顾明远：这值得赞赏。中国公办职高，往往想着办大学，多专业，很少想办培养高端制造业人才的学校。有一家著名的民营企业很想办教育，他想办一所哈佛大学水平的大学。我劝他先办一所与他的企业有关的专业技术学院，逐渐扩大为大学。他没有采纳我的意见，还是看不起职业教育。

《财经杂志》：德国技术工人的地位较高，这与其产业模式的选择有关系，德国选择的是高技能依赖生产模式，生产过程依赖高水平的技术工人。但中国与德国的经济发展模式并不相同，在人才培养上，我们有无必要复制德国模式？若有，中国如何补齐与德国在职校建设上的差距？

顾明远：德国的职教值得借鉴，但中国国情不同，工业发展水平还有差距，中国应该创造自己的模式。

《财经杂志》：中国职业教育一直在提倡校企合作，强调学徒制、产教融合，鼓励社会各界特别是企业积极支持职业教育，但在执行过程中，往往走形，部分职校以顶岗实习为名头将学生作为廉价劳动力，输送到劳动密集型企业。为什么会出现类似情况？在实践过程中，怎样更好推进校企合作？

顾明远：这就是因为中国的企业没有远见，功利主义、经济主义在作祟。

（本文为2022年1月14日《财经杂志》书面采访录）

办好学前教育，夯实教育强国基点

  学前教育对人的发展具有十分重要的意义，是为人的一生发展打基础的教育，是提高全体人民的文明程度，建设教育强国，实现民族伟大复兴的基础工程。党中央、国务院高度重视学前教育事业，习近平总书记就学前教育改革发展多次作出重要批示指示。党的十八大提出"办好学前教育"，党的十九大要求"在幼有所育……上不断取得新进展"，党的二十大要求"强化学前教育……普惠发展"。2018年，党中央、国务院印发《关于学前教育深化改革规范发展的若干意见》，进一步明确学前教育公益普惠基本方向，提出了普及普惠的目标任务与一系列重大政策举措，这是新中国成立以来，第一个以党中央、国务院名义专门印发的学前教育文件，对学前教育改革发展具有里程碑意义。

  按照党中央、国务院决策部署，教育部会同相关部门连续实施四期学前教育行动计划，各地扩资源、调结构、建机制、提质量，从无到有建立起覆盖城乡、公益普惠的学前教育公共服务体系，这一系列措施推动了学前教育取得了跨越式发展。截至2023年，全国幼儿园达到27.4万所，比2013年增加7.6万所，增长了38.2%。毛入园率持续快速提高。2023年，全国学前三年毛入园率达到91.1%，比2013年提高了23.6个百分点。特别是西部地区的学前教育得到迅速发展，区域之间差距不断缩小。

当前随着城镇化进程和出生人口变化，学前教育改革发展面临新的机遇与挑战。为了让每一个孩子都能接受学前教育，享受幸福的童年，需要在普惠发展和提高质量上下功夫。

一是扩大学前教育的普惠性。各地教育部门要会同相关部门推动各地多渠道扩大普惠性资源，大力发展公办幼儿园，积极扶持普惠性民办幼儿园，构建以普惠性资源为主体的办园体系。在出生人口减少的形势下，调整幼儿园的配置，办好优质幼儿园。要不断完善健全学前教育投入保障机制，确保人民群众上得起、上得到办得好的幼儿园。

二是提高学前教育的质量。幼儿园是幼儿认识世界的重要场所，学前教育对幼儿的身心健康发展、良好习惯养成、智力发展、社会情绪发展有重要意义。学前教育要遵循幼儿身心发展规律，坚持科学保教方法，保障幼儿快乐健康发展。要确保幼儿的安全和身体健康，包括充足的营养、养成良好的习惯、优良的品质、积极的社会情绪、善于与同伴交流合作，形成自信、开朗、活泼、进取、乐于助人的性格。

要克服小学化倾向。游戏是幼儿园的重要课程，是有意识地通过模仿和想象反映周围现实生活一种独特的社会性活动，也是幼儿最喜爱的活动。通过游戏还可以培养幼儿遵守纪律，养成责任心，学会和同伴交流合作等品质。

三要加强高素质专业化幼儿教师队伍建设。提高学前教育质量，教师是关键。要加强学前教师教育，培养热爱幼儿教育、高质量、专业化的教师。同时加强职后培训进修。幼儿教师还是要在实践中成长。

幼儿园教师要树立"儿童第一"的思想，有爱心、细心、耐心。要热爱幼教事业，热爱每一个儿童。确保儿童的健康成长就是幼儿教师的人生价值。

首先要尊重幼儿。不要把幼儿看作不懂事的孩子，要尊重儿童的人格，保护儿童的好奇心和创造性。尊重幼儿的个别差异。其次要细心。幼儿的情感是很丰富、很细腻的，但也很脆弱。幼儿教师要观察幼儿的情绪，保护他们，切不能用语言伤害他们。最后要有耐心。幼儿的认知能力还比较低，适应能力也比较差，一种习惯的养成要反复地教，耐心等待。幼儿的是非观会比较差，有时会犯错误，要耐心教育他们。

四是不断完善健全学前教育治理体系。为确保幼儿在园身心健康安全，要多措并举，推动各地各幼儿园依法治教、依法办园。健全管理制度。在幼儿园建设、教职工配备和专业标准、安全防护、卫生保健、保育教育等规范性方面建立比较完备的管理制度体系。建立督导评估机制。全面实施县域学前教育普及普惠督导评估和幼儿园办园行为督导评估。

　　要动员全社会关注学前教育。家长要配合幼儿园工作，社会要为幼儿园提供教育资源。园家社协同合作办好人民满意的幼儿园。

（2024年4月20日）

加强中小学生科学教育

欣闻深圳市教育局将在暑假召开科学教育大会，非常高兴。我向大会表示热烈的祝贺！

2023年5月，教育部等18个部门发布了《关于加强新时代中小学科学教育工作的意见》。这是建设教育强国，落实中央"双减"政策，提高教育质量的重要举措。

加强中小学科学教育的宗旨是培养学生的科学思维、科学意识和科学精神。中小学科学教育不是培养科学家，但当然希望将来能够涌现出一批科学家。中小学科学教育的目的是通过学习科学知识，掌握一定的科学技能，培养学生的科学思维、科学精神。

中小学生的科学教育在课内课外都可以进行。中小学课程中有数学、物理、化学、生物等理科课程，传授给孩子们科学知识。但传授知识还不够，或者说更重要的是要通过这些科学知识的传授，培养学生的科学思维、科学素养和科学精神。其他学科（包括人文学科）也应该培养学生的科学精神，也就是使他们通过人文知识的学习养成科学地观察和分析社会的各种现象、养成对人对事认真钻研的科学态度。其实，科学精神说得简单一些，就是实事求是，追求真理。

课外是进行科学教育最活跃的媒介，是学校内科学教育的重要补充。它具有趣味性、选择性、多样性、灵活性，没有考试的压力，组织方式也多样化，可以是讲座，也可以是小组活动。学生可以选择自己喜爱的活动。许多活动能够启迪思维，激发学生学科学、爱科学的热情。我曾经听过一位校长讲，本来学校里有些学生不爱学习，但参加了课后科技小组的活动，感到自己科学知识贫乏，开始重视起课堂学习了。

科学教育不能坐而论道，要让孩子们从做中学、动脑又动手，在实际活动中掌握科学技能，养成科学态度、科学精神。

暑假是中小学进行科学教育最好的时间。学校要减少假期作业，让学生有时间参加各种科学活动。

最后祝愿深圳的科学教育大会圆满成功！祝愿深圳的科学教育活动丰富多彩！

（本文是 2024 年 7 月 28 日在深圳科学教育大会上的致辞）

学位制度的回顾与展望

中国学位制度建立已40多年，这在我国历史上具有里程碑的意义，使我国从一个文化教育落后的国家，迈向人力资源大国。40多年来，在党中央和国务院的领导下，按照《中华人民共和国学位条例》（以下简称《学位条例》）的要求，研究生教育培养了千百万专业人才，为我国改革开放以来社会主义建设提供了人才支撑。

关于《学位条例》的制定，我们曾经参与过一些工作。记得当时我所在的北京师范大学外国教育研究所（现国际与比较教育研究院）为《学位条例》的制定提供了世界各国，特别是欧美发达国家学位制度的文献资料，以了解这些国家实施学位制度的经验与教训。1983年第一届学位委员会第二次会议，我被聘为教育学科评议组成员，后来我又担任了第二届、第三届、第四届成员和召集人，亲自见证了我国学位制度的发展。开始的时候，我们对学位研究生的培养没有经验，幸而有一批老一辈的学者为此打下了坚实的基础。现在大多数前辈已经过世。在纪念学位制度创建40多年之际，我们非常怀念他们。我们要学习继承他们求真求实的精神、严谨治学的学风，在新时代砥砺前行，不断提高研究生的培养质量。

学位制度的建立，促进了我国学术繁荣、人才培养。就教育学科来讲，改革开放之前，教育科学是一本苏联的《教育学》"走遍天下"。学位制度建立以后，在教育学门类下就设有12个一级学科，恢复重建了教育哲学、课程与教学论、比较教育、中外教育史等学科，创建了教育经济学、教育社会学、教育技术学、教育管理学、高等教育学等新兴学科。40多年来，通过学位制度培养了千百万具有博士、硕士学位的学术专业人才。据1979年粗略统计，当时教育学科从事科学研究的不足400人，而40多年来培养的教育学硕士、博士已达数十万人。研究队伍不断扩展、研究成果硕果累累，为我国教育事业的改革与发展提供了理论和人才支撑。

《学位条例》颁布至今已40多年，我国研究生教育和学位授权的情况已经发生了很大变化，《学位条例》中的一些规定已经不适应当前的形势，需要进一步修订完善。

第一，希望国家制定学位法。改变劳动人事制度只重学历不重学位的状况。许多专业学位获得者的研究生学历不被承认，只承认其学位，使得学位获得者在就业和职务晋升上遇到困难。应该实现学位与学历两证合一，与国际接轨，并强调学位的价值。其实，学历只说明一个人学习的经历，学位才代表了其学术水平和能力。

第二，研究生的培养目标需要调整。在欧美国家，硕士只是攻读博士的过渡性学位。而我国《学位条例》将硕士学位作为一个独立性学位。究其原因，一是当时我国社会建设急需人才，博士培养需要较长的时间，而且招生人数有限；二是我国学位制度刚建立，依靠国内培养博士研究生的条件还不成熟，因此我们把培养力量主要放在硕士研究生上。培养年限一般定为三年。

现在情况有了很大的变化，我们已经能够独立培养博士研究生，而且规模很大。应用型的专业硕士逐渐增加，在硕士研究生培养中占了主导地位，学术型硕士研究生已不再招生，而是把学术型硕士研究阶段与博士研究阶段连接起来。我觉得这是合适的，硕士研究生阶段着重培养应用型人才，培养时间可以适当缩短。学术型人才培养把硕士博士研究阶段连接起来，适当延长年限。这样既能保障社会对应用型人才的需求，又能保证博士学位的质量。

第三，研究生培养很复杂，研究生学科门类很多，研究方向也各不相同，因此培养的方式方法就不一样。我对自然科学是外行，对社会科学也只熟悉教育学科这一门。这几年来，教育学科博士的质量，从总体上讲还是有进步的，但是也不能否认还存在许多问题。我认为，主要的问题是博士的知识不博，他们的知识往往局限在自己博士论文的小范围内。哲学社会科学研究生应重视阅读，古今中外的书都应该读，以加深文化底蕴，在博的基础上达到专，才能成为博学笃行的人才。

第四，改革招生制度。改革只凭书面考试和简单的面试两种形式招生的办法。应把书面考试作为一个基础，把重点放在测试上，了解考生的学习背景、专业意愿、能力倾向、思想品格，并给予导师较大的自主权。

第五，建立学位质量保障委员会，建立检查、监督机制，保障学位授予质量。要严格论文答辩制度。当初，一位博士生论文答辩需要半天时间，博士答辩的过程也是一场学术讨论。这样博士答辩就不仅限于评审论文能否通过、学位能否授予，更重要的是帮助博士生获取更多的知识、明确今后研究的方向。现在博士研究生增加了，论文答辩简化了，往往半天就要完成两三场的答辩，质量难以保证。我认为，要提高论文答辩的质量，答辩后论文抽查是必要的，但如何与答辩专家的意见取得平衡，是值得研究的问题。

当前，我国教育进入了提高质量的新时代。我们应以习近平新时代中国特色社会主义思想为指导，努力学习习近平关于教育的一系列重要论述，坚持党的教育方针，落实立德树人的根本任务，不断提高研究生的培养质量，为实现文化强国、教育强国、人才强国而努力。

（原文载于《大学与学科》2022 年第 3 期）

大学是创造新文化的主阵地

21世纪以来这20多年是我国高等教育发展最快，也是最好的时期。高等教育实现了跨越式的发展，毛入学率已经超过了58%，达到了普及化程度。大学的内涵式发展的水平也有了极大的提升。

今天，我国教育进入了一个新时代。党的二十大擘画了全面建设中国式现代化强国的蓝图。建设中华民族现代文化是建设中国式现代化的重要组成部分。2023年6月2日，习近平总书记在文化传承发展座谈会上讲到，中国式社会主义现代化的两个结合，就是马克思主义基本原理同中国具体实际相结合，同中华优秀传统文化相结合。这两个结合造就了一个有机统一的新的文化生命体。习近平总书记的讲话为我国建设社会主义新文化指明了方向，也为大学文化建设指明了方向和路径。

热风集：顾明远教育沉思

　　大学是学术的殿堂，是创造新文化的主阵地，大学要为社会主义新文化的建设作出应有的贡献。特别是在全球化、多元化、信息化、市场化的背景下，大学文化遇到多种挑战。西方的一些社会思潮、文化形态正在渗入我们的大学中，大学生的思想必然会受到各种思潮的影响。同时，我们社会发展过程中的一些矛盾，就业的困难、生活的压力，以及有些"唯论文""唯帽子"等不科学的评价制度，也使大学里滋生出功利主义、庸俗主义和浮躁的思想情绪。因此，亟须加强大学文化建设。我们要以习近平总书记的重要讲话为指导，做到"两个结合"。大学要加强马克思主义的教育，思政课程的建设；同时要加强人文学科的教育，弘扬中华优秀文化的教育，既重视传统，又不断创新，跟上时代的步伐。

　　大学文化建设之所以重要，是因为大学是社会知识者密集的地方，是生产知识、创造价值观的主要阵地。大学文化应该是高雅的、先进的、创新的文化。它应该引领社会文化的潮流。前几年曾经掀起过一阵大学文化热，但是这几年似乎又有点冷下来了。但是，大学文化永远是大学人（校长、教职员工、学生）应该坚守的。大学是人类文明进步的标志，是人文荟萃的场所。大学如果不坚守独有的大学文化，那就会有其他文化入侵，如官僚文化、商业文化、娱乐文化等庸俗文化。大学应该坚守大学自己的文化。大学文化的本质特征，就是求真育人，追求真理，培育人才。大学要坚持两个结合，努力创造中国特色的社会主义新

大学是创造新文化的主阵地

文化。

　　大学文化建设要从各校的实际出发，除了坚持社会主义主流文化外，还应有各自大学的文化特色。我国高等学校通称大学，但高等学校有各种不同的类型，不同的学校有不同的培养目标、不同的办学模式、不同的教学风格，还有不同的历史文化传统。当前大学文化建设要克服同质化、趋同化，要在建设中国社会主义新文化的统一体中，结合各自学校特点和历史文化传统，建设各校的文化特色，使我国的大学文化丰富多彩。

　　今天特别高兴，见到我们当年大力提倡大学文化建设的老同志、老朋友，像王冀生同志、王义遒校长、胡显章院长。他们退而不休，坚持大学文化的研究。如王冀生同志还出版了《现代大学文化学》《大学之道》等研究著作；王义遒校长把从教70年的经历和对教育的体悟编印成《昨夜星光》，这些成果不仅充实了教育科学的宝库，也为今后大学文化建设奠定了基础。我们要向他们表示深深的敬意，祝他们健康长寿，永葆学术青春！

　　最后，我预祝大学文化研究与发展中心取得新成果，并祝今天的研讨会圆满成功！

（本文为2023年6月29日在大学文化研究中心成立20周年会上的致辞）

加强高等学校哲学人文学科建设，提高学生人文素养

当前人类社会进入了信息化时代，大数据、互联网、人工智能正在改变着人类的生产方式和生活方式。物质越来越丰富，但人们的文明程度并没有同步提高。科学技术的迅猛发展带来了社会生产力的空前提高，一方面给人类带来了丰富的物质文明，另一方面也产生了物欲膨胀、道德滑坡、资源浪费、环境污染、生产失去平衡等问题，使人类生存受到严重威胁。

当前人类面临着越来越多挑战：

一是人类遇到百年未有之大变局，世界动荡不安，局部战乱不断；保守主义、民族主义抬头，美国霸权主义正在阻碍全球合作，出现了一股逆全球化潮流。

二是生态遭到人类的破坏，天气变暖，自然环境进一步恶化，加上病毒的肆虐，正在威胁着人类的生存。

加强高等学校哲学人文学科建设，提高学生人文素养

面对这些挑战，教育怎么办？教育是培养人的活动，教育要培养什么人？是培养保卫和平的人，还是挑起冲突的人？科学技术是中性的，它可以造福于人类，也可以制造毁灭人类的武器，看它掌握在谁的手中。教育要让学生认识世界、认识社会、认识人类发展的历史，因此，高等学校要加强哲学人文学科的建设，加强科学技术与人文科学的融合，培养有高尚思想情操和对社会、对人类和平和可持续发展负有责任感的一代新人。

哲学人文学科教育之所以重要，是因为它可以告诉人们：人类的文明是怎样产生的？人类社会是怎样组织和发展的？人对自然、人对社会、人对他人、人对自己应该有什么态度？什么是正义，什么是邪恶？什么是美，什么是丑？也就是说，哲学人文学科可以使学生了解世界、了解自己、了解他人和对社会的责任。正如联合国教科文组织2015年的报告《反思教育：向"全球共同利益"的理念转变？》中提到的，教育应该以人文主义为基础，以尊重生命和人类尊严、权利平等、社会正义、文化多样性、国际团结和为可持续的未来承担共同责任。2021年11月联合国教科文组织又出台了一个报告《一起重新构想我们的未来：为教育打造新的社会契约》。报告提及教育要为人类的共同利益着想，坚持包容、公平、合作、团结的原则，提倡不同文化的交流与合作，构建一个协作性的社会契约，推动社会向更加公正、公平和可持续发展的未来转变。教育要超越狭隘的功利主义和经济主义，将人类生存的多个方面融合起来，采取开放的灵活的全方位

的学习方法，为所有人提供发挥自身潜能的机会，以实现在可持续的未来，过上有尊严的生活。要做到这一点，就要加强哲学人文学科的教育。

哲学看来是很抽象的、概念化的理论，但人类行为的背后都存在着哲学思想的指挥。中国自古以来就主张"天人合一"，这就是一种人与自然关系的哲学思想。大家还记得1978年《实践是检验真理的唯一标准》这篇文章吧，它彻底改变了我国社会主义革命和建设的历史。作者胡福明不久前刚刚去世，音容已逝，但思想永存。马克思主义哲学告诉我们实践是第一位的，我们要在实践中发现真理、检验真理；事物是在矛盾中发展的，我们的工作和生活无不充满着矛盾，我们要在实践中解决矛盾，使事物向前发展。

人文科学教育的重要性还在于，当今科学技术的进步容易使人产生技术至上的思想，似乎科学技术能够解决一切问题。但是事实证明，科学技术固然给人类带来了高度物质文明，但同时也带来了一系列社会问题、科学伦理问题。这些问题光靠科学技术是不能解决的，而需要借助哲学人文科学的力量。

高等学校的哲学人文学科包括哲学、语言、文学、历史、艺术等领域。学校的大思政课，我觉得应该包含这些学科最基本的理念和知识，培养学生对世界、对人生的理性认识，树立正确的世界观、人生观、价值观，并使他们有丰富的情感、审美的能力、充实的精神生活。

加强高等学校哲学人文学科建设，提高学生人文素养

当前我们都在学习党的二十大精神。二十大提出要全面建成社会主义现代化强国、实现第二个百年奋斗目标，以中国式现代化全面推进中华民族伟大复兴。要加快推进教育现代化，为强国建设、民族复兴提供有力支撑。教育现代化的最终目的是培养现代化的人。学校要把立德树人作为根本任务，不仅要传授专业知识，培养学生创新能力，还要提高学生的文化素养，这也是中国式教育现代化的应有之义。

（2023年1月10日）

讲述中国高等教育发展的故事

新中国成立以后，百废待兴，最重要的是要有人才。但是解放以前，中国的高等教育很不发达，全国只有高等学校205所，其中公立学校124所、私立学校81所，学生共117 000余人，而且以文科为主，培养工农业人才的学校很少，分布也不均衡，无法适应新中国经济社会建设的要求。同时，改造旧教育的任务很重。《中国人民政治协商会议共同纲领》指出："中华人民共和国的文化教育为新民主主义的，即民族的、科学的、大众的文化教育。人民政府的文化教育工作，应以提高人民文化水平、培养国家建设人才、肃清封建的、买办的、法西斯主义的思想、发展为人民服务的思想为主要任务"。因此新中国成立以后的一个时期，高等教育的任务，一是改造旧的高等学校，二是建立新的高等学校。1952年开始的高等学校院系调整，就是为了加强理工科及农林院校建设，调整高等学校在全国的布局，使高等学校更好地为新中国的经济建设服务。在这个过程中，涌现了一批著名的大学校长，例如清华大学的蒋南翔、北京大学的陆平，他们为清华、北大的改造和发展作出了重要贡献；又如中国人民大学的建立，第一任校长吴玉章贡献了他的智慧和领导力；华中科技大学（原华中理工大学）的建设，是朱九思校长一手规划的。可以说新中国高等学校的建设是在老一辈著名校长的智慧和辛勤的劳动下建成的。同时，新中国70多年来在高等教育的发展过程中，也培养了一批新的著名大学校长。

截至2019年，我国已有普通高等学校2 688所，在校学生4 002万名，研究生280多万名，高等教育毛入学率达51.6%，高等学校正在建设一流学科一流大学，向教育现代化迈进。在我国高等教育建设的过程中，不能忘记一大批著名校长对高等教育建设作出的贡献。在中国教育迈向教育现代化的进程中，需要继承和发展新中国著名大学校长的办学理念和实际经验；同时，他们的办学理念和经验也是我国高等教育理论的宝贵财富，值得总结和发扬。

本着学习、总结和研究新中国社会主义大学教育发展的规律和大学行政管理经验，纪念新中国著名大学校长的丰功伟绩，发扬光大新中国著名大学校长的精神财富，程斯辉和刘立德编写了《新中国著名大学校长评传》（以下简称《评传》），正当其时。《评传》选择了大家比较熟悉的、为大学建设作出贡献的、已经过世的著名大学校长47名，详细地介绍了这些校长的人生历程、工作经历，特别介绍了他们的办学理念、治学态度、工作作风，对大学建设所做的种种工作，有事实的介绍，有理论的分析。我们现在提倡讲中国故事，这部《评传》就是在讲述中国高等教育发展的故事，不仅使我们了解了中国高等学校发展的历程，而且能够学习这些校长的理想信念，以及他们对发展中国高等教育的情怀和追求；学习他们坚持党的教育方针，立德树人的使命感和改造旧大学、创造新大学的奋斗精神；学习他们的高尚品德和实事求是的工作作风。这对当前高等学校的管理者们来说，无疑是一份宝贵的精神食粮。

新中国成立70多年了，我国高等教育不仅在规模上有了很大的发展，质量也有了很大的提升，服务于社会主义建设的能力不断提高，已有多所大学跻身世界一流大学的行列。这是许多优秀的大学校长和众多大学教师努力的结果。《评传》中介绍的大学校长，是中国著名大学校长的代表，大多是老一辈的教育家，他们为新一代的著名大学校长打好了样板。我们要认真学习他们的精神，继承他们的优秀传统，为建设教育强国而努力。

（本文为《新中国著名大学校长评传》的序言，成文于2021年3月20日）

课程教材研究永远在路上

今年是人民教育出版社课程教材研究所成立40周年，我向你们表示衷心的祝贺。40年前，我国教育百废待兴。恢复中小学教学秩序，首先要有一套完整的教材。为了编好教材，党和国家都非常重视。邓小平同志不惜在国家外汇紧缺的情况下拨款10万美元从国外引进教材，不久又为课程教材研究所题名。可见当时党中央对教材建设的重视。

课程教材是教育工作的核心。课程的设置体现了国家意志、时代的特点。培养什么人，怎样培养人，要通过课程来实现。教材是依据课程而开发，是课程的具体载体。学生通过课程教材获取知识，发展思维，掌握技能。课程教材关系到学生一生的发展，也关系到国家人才的培养，是教育的基础工作。同时，课程教材的发展又是动态的，要根据时代的进步、社会的发展、科学技术的创新不断充实优化教材的内容。因此，课程教材的研究永远在路上。

课程教材研究所成立以后，积极开展课程教材研究工作，先后承担了多项全国教育科学研究重点项目，为国家制定课程教材决策提供了咨询；开展了一系列基础教育课程、教材、教法研究，紧密联系新课程改革，编写符合中国实际的教材；联合课程教材专家，对新课标、新教材进行解读，帮助基层的老师理解课程标准、掌握教材内容，改进教学方法，为我国基础教育的改革和发展，为确保教育质量的提升作出了重要贡献。

1986年，国家实现教材一纲多本，当时国家教委成立了教材审定委员会和审查委员会。我曾经参加过这项工作，就与课程教材研究所有了联系，了解到课程教材研究所为编写高质量教材做了大量的研究工作。

课程教材研究所始终贯彻党的教育方针，坚持立德树人作为根本任务，为此出版发行了《课程·教材·教法》杂志，传达党和国家关于课程教材建设政策；介绍了国内外教材研究的新成果，传播了先进的教育理念；解读教材的内容，帮助广大教师理解教材、运用教材；介绍推广基层学校使用教材的新经验，为提高教育质量开展了大量工作。

今天我国教育进入了新的历史时期，要建设教育强国、科技强国、人才强国。培养新时代创新人才，离不开课程教材的建设。我希望课程教材研究所认真学习贯彻习近平总书记关于教育的一系列重要论述精神，秉承我国教材建设的优秀传统，吸收中外课程教材研究的成果，调查研究教材在学校使用过程中积累的经验与存在的问题，为我国课程教材的进一步优化，实现中国教育现代化作出新的贡献！

（本文为2023年7月20日在人民教育出版社课程教材研究所成立40周年座谈会上的发言）

主体教育40年[*]

首先祝贺裴娣娜老师主持的主体教育实践研究30周年，以及多年来裴老师领导的团队所取得的丰硕成果：在理论上创建了主体教育的理论体系，在实践上进行了区域和几十所的实验研究，建构了中国特色的主体教育实践范式，促进了基础教育的改革。

教育领域的主体问题，一直是教育理论界讨论的课题。主体问题本来是一个哲学命题，人是主体，客观世界是客体。这个人是指个体的具体的人，个体人以外的人和物对个体人来讲都是客体。1981年，我在《江苏教育》上发表了《学生既是教育的客体又是教育的主体》一文，当初并非从哲学的角度提出的，而是从

---

[*] 我首次提出主体教育的观点至今已有40年，文中裴娣娜老师主持的主体教育实践研究已有30年。

教育学的角度提出的。我从自己在中小学工作的实践出发，感到长期以来教学过程都是以教师的灌输式为主，教师滔滔不绝地讲，学生静静地听，学生学习缺乏主动性、积极性，学习的效率很低。教师所教的知识要让学生习得，必须以学生为主体，通过学生自己吸收内化为自己的知识。文章发表以后引起了很大争论，赞成者有之，反对者有之。

1991年，裴娣娜教授在安阳人民路小学开始主体教育的实践。30多年来，她奔走于全国各地，边实践边进行理论探讨，拓展了主体教育思想，主体不仅指学生在教学中的主体，也指教师在学校的主体，学校在区域教育中的主体；揭示了个体、群体和区域多元多层次主体的发展机制；建构了中国特色的主体教育实践范式和主体教育创新体系。这是裴娣娜教授的创造，是生长在中国大地上的中国化的教育理论体系。

教育是以人为主体的社会活动，只有发挥教育活动中各种人的主体性才能取得成效。学生在学习中要发挥主体性，积极主动地学习才能获得知识、提高素养；教师只有在教学中发挥主体性，才能领悟教书育人的真谛，领悟课程教材的要求；校长只有发挥主体性才能把学校办好，办出特色。所以，讨论主体教育，在理论和实践上都有十分重要的价值。

今天，裴娣娜教授介绍了她的研究成果和理论体系。她的团队介绍了各自的研究成果。内容十分丰富，使我受益匪浅。谢谢各位！

最后，再一次向裴娣娜教授表示衷心、热烈的祝贺。她对教育事业的忠诚和勤奋工作的精神，值得我们学习。今年正值裴娣娜教授 80 华诞，恭祝裴娣娜教授健康长寿、永葆学术青春！

（2023 年 5 月 6 日）

无锡教育之花盛开：我与无锡教育

无锡江阴是孕育我的故乡。我的少年时代在这里度过，但生活却是最苦难的。在我刚读完小学二年级时，日本侵略军就对江阴狂轰滥炸，把工厂学校都炸成废墟，不久江阴城沦陷。我们只好逃难到乡下，辗转几年，我小学就换了5所。后来，我进了南菁中学读书，而学校只剩下几间平房。抗战胜利后又经历了国民党的统治时期，学校除了新建了一座教学楼以外，教学仪器设备一无所有。幸运的是，江阴毕竟是文化之乡，有几位好老师培育我们健康成长，使我能够受到江南文化的熏陶，为我后来的发展奠定了基础。

一

1948年我离开家乡，1982年秋曾返回家乡参加南菁中学成立100周年校庆。彼时的江阴在新中国成立后得以新生，特别是

热风集：顾明远教育沉思

在改革开放的东风下经济得到快速发展，教育也随着发展起来。时任江阴县教育局中小学教研室副主任的赵汝彦老师是我在南菁中学读书时的同班同学，他热情地陪我访问了多所学校。1992年校庆，我想着要用什么方式回报南菁中学的培养，觉得应该鼓励学生读书，于是就决定把我的一部分图书和在全国几所出版社选购的一部分图书送给学校。学校为此建立了"顾明远书库"，新校舍落成后改为"明远书屋"。20世纪90年代我多次回乡，赵汝彦同学陪我走遍了江阴各乡镇的中小学。那时江阴乡村经济已较发达，但学校的设备条件还较差，小学生坐的还是老旧的板凳。我就给教育局写信，希望重视教育的发展，改善学校办学条件，有了人才，经济才能持续发展。1999年，我访问山观实验小学，学校很重视儿童阅读，学生建有小书房，校长孟彩娟要我题几个字，我就她给写了"小书房走向大世界"，这句话成了他们的办学方向。21世纪初，江阴的教育开始飞速发展起来，教育科研活动也多起来。云亭中学校长居乾章邀请我访问学校，我看到学校开始运用信息技术进行教育，教室里还有显示出教室内温度和湿度的仪器。特别是学校建了一个"青年走廊"，给学生提供青春期健康教育知识内容，让人印象深刻。后来青爱基金会就在该校建立了青爱小屋。21世纪初，我还参加过中央教科所在华士实验小学举办的苏霍姆林斯基教育思想研讨会。赵汝彦在青阳中学做了一个研究课题，邀我参加了研讨会。我了解了江阴由义务教育的普及向高质量教育的发展历程。特别是2009年江苏省南菁高级中学新校舍落成，标志着江阴教育正在迈入教育现代化的新阶段。不久，我又看到曾就读过的澄江中心小学、金童小学新校舍拔地而起，不少新建的学校校园环境优美、学习设施先进，孩子生动活泼地享受着优越的教育资源，不由得为家乡教育的发展而振奋。

二

我与无锡教育的联系也可追溯到 20 世纪 90 年代。1990 年春天，时任国家教委基础教育司司长陈德珍给我送来了北京一师附小、上海师范附小、锡师附小等 7 所学校开展"愉快教育""快乐教育"的材料，问我认同不认同他们的实验，能不能推广？我看了以后感到这几份材料都很好，非常赞成他们的实验。于是当年秋天就在北京一师附小组织了 7 所学校的汇报会。我和陈德珍都参加那次会议，并发言支持"愉快教育"。没有想到这引起了教育界的轩然大波。许多学者，特别是不少校长都说：学习是刻苦的事，怎能开展愉快教育？为此，1992 年春天中国教育学会在锡师附小召开了第一次"愉快教育"研讨会。我在会上做了报告，阐明愉快教育并不是不要刻苦。心理学上，愉快、快乐是人的一种情感表现，刻苦则是人的意志的表现，两者并不矛盾。而且愉快了，对学习有兴趣了，才能刻苦地学习。愉快教育的本质就是毛主席所提倡的，使学生生动活泼主动地得到发展。这一段时间

热风集：顾明远教育沉思

我连续写了《让儿童生动活泼主动地得到发展》《"愉快教育"的经验值得推广》《关键是教育观念的转变》《谈谈"愉快教育"的理论基础》等5篇文章，分别发表在《中国教育学刊》《人民教育》《北京教育》等刊物上。为此，我萌发了我的教育信条："没有兴趣就没有学习"，并为北师大教育系学生社团刊物题写了"兴趣与勤奋是成功之母"几个字。

锡师附小始终坚持快乐教育的理念，做到让学生主动地学、有兴趣地学、愉快地学，不断提高教育的质量。在庆祝锡师附小建校一百周年时，学校建立了由百个"乐"字组成的主题墙，我为此写了一个大大的"乐"字，被他们刻在墙的中央。2023年秋天，我参加锡师附小庆祝建校110周年的大会，再次为学生快乐而有成效地刻苦学习呼吁呐喊。

三

20世纪90年代中期，江苏基本上普及了九年义务教育。教育普及了，下一步该怎么发展？江苏提出要逐步实现教育现代化，在南京组织了一次教育现代化学术讨论会。为此，1997年10月中国教育学会在无锡召开了第十一次年会，讨论对教育现代化的认识和实践问题。我在会上作了《关于教育现代化的几个问题》的主题报告。

21世纪以来我与无锡教育的交往就更加密切了。多次访问无锡市的中小学，与无锡市的教育干部和老师结下了深厚的友谊。2012年，我们这些国家教育咨询委员会第一组的委员曾专门到无锡市调研。市教育局陆卫东局长接待了我们。无锡推进素质教育所取得的成绩给委员们留下了深刻的印象。2013年5月11日，我还参加了无锡市滨湖区教育局组建的"湖上书院"暨区教师发展中心的揭牌仪式。

我与无锡教育更为深入的接触是在2010年。那年4月10日，北师大教育学部成立教育家书院，我担任了院长，郭华教授担任执行院长。书院招收的第一批客座研究员中就有3名无锡市滨湖区的学员。暑假期间，滨湖区教育局的钱江局长带领该区近百位校长和机关干部在北师大组织培训学习，我参加了开幕式并作了演讲。该区担任客座研究员的首批三位学员是当时育红小学的校长潘望洁、水秀幼儿园的园长李燕、蠡园中学的校长邱华国，后期又有几位加入。三年学习进修时间，我和他们在一起研讨基础教育的相关问题。有一次，我和他们对话了整整两天，讨论教育热点问题，有时他们还会给我提出一些费解的难题，比如说，减轻学生课业负担以后，学生课余时间怎么办？教学信息化以后还用不用黑板？我就提出，要以学生为主体，开展各种学生感兴趣的活动，让学生成长在活动中。学校要利用信息化提高教学质量，但要留块黑板，保留教师和学生的人际交流。在三年学习期间，郭华带领客座研究员访问了美国、以色列、芬兰等国，研究员们开阔了视野，都有许多感想，回来后出版了《差异差距》一书。三年中教育家书院曾两次在无锡滨湖区举行"学校诊断和教育教学改革"研讨会,到育红小学、水秀幼儿园、梅村高中等学校实地研讨教育教学活动。三年的学习,研究员们都有所收获,先后出版了《留一块黑板》《情感与理智》等书籍。无锡籍的研究员在业务水平上有了很大提升。邱华国老师出版了专著《学校变革关键词》。潘望洁和李燕后来分别担任了滨湖区教育局局长和无锡市经济开发区教育局副局长,成为区域教育发展的领导干部。

滨湖区的前身主要是无锡市郊区。20世纪八九十年代我去过多次,在太湖饭店讨论过《中国大百科全书·教育》编写问题;在那里讨论过编纂《世界教育大事典》事宜。那时的无锡市郊区有的地方还比较荒僻。近些年再来到这里,已经楼宇林立,绿树成荫。钱江局长陪我访问了多所新学校,环境都很优美,学生享受着优质的教育资源。滨湖区成为无锡教育发展最快的地区之一。

四

近10年来是我国教育发展最好的10年,无锡教育也在飞速发展,教育质量有了新的提升。近几年,我每年回乡总会走访几所学校,有时参加一些学生的活动,有时与教师座谈,而且总要写几个字留作纪念。记得的几次重要活动有:2017年11月,参加了《人民教育》杂志社在江苏省南菁高级中学举办的"中华优秀文化教育"论坛，我作了《文化是一个民族的根和魂》的演讲；2018年5月，我们访问了无锡市育红小学第三分校、河埒中学、胡埭小学、文慧学校等；2019年4月，参加了在南菁高级中学举行的江阴教师建设现场会以及在锡山高级中学举行的"寻找好课堂"论坛；2021年秋天，参观了梅村小学；2022年11月15日，在无锡参加了无锡市教育局教师发展学院举办的"我为良师"大讲堂启动仪式，并与成尚荣老师、唐江澎校长一起开讲了第一讲；2023年9月，趁梅村高级中学110周年校庆之机，北京明远教育书院在梅村高中举办了第五届"明远教育"论坛，参加论坛的代表来自全国各地，有300余人，他们欣赏了无锡教育的风采；同年9月末，南菁高级中学举行了"顾明远教育思想展示馆"和"顾明远教育思想研究会"揭牌仪式暨教育论坛。这样就把我的余生和无锡教育联系起来了。

几十年来我见证了无锡教育的发展和进步，无锡教育正在奋进新时代，迈向现代化。今后我愿和无锡教育界的同仁们为家乡教育事业的发展献出微薄的力量。

教育教学的改变

打好学生身心健康的基础
打好学生终身学习的基础
打好学生走向社会的基础

二〇二〇年初秋 张明远 书

深化教育教学改革：PDC 教学模式的样板

20 世纪八九十年代，由于科学技术的迅猛发展，知识的爆炸，学习掌握现存的碎片知识和学生被动地接受教育，已经无法适应科学技术发展和社会变革，于是教育工作者探究新的学习方式，项目式学习（project-based learning，PBL）的教学模式应运而生。项目式学习是一种基于项目的学习，它的过程是，以问题为导向，通过跨学科、综合性的知识，经过探索、讨论达到问题的解决。它的特点是学生的主动性，知识的综合性、动态性、迁移性，能够培养学生解决问题的能力。21 世纪初我国许多学校引进了这个教学模式。

呼家楼小学在项目式学习的基础上提出 PDC 教育教学模式。PDC 是项目（project）、驱动（drive）、生成（create）的英文首字母缩写。这是基于中国的国情和教育传统对项目式学习的一个发展和创新。PDC 教学模式强调了用项目驱动学生学习的欲望和兴趣，通过实践和体验，发展思维，帮助学生生成经验与技能、情感与价值观。项目立足于真实生活与社会实际，培养学生面向未来的生存和生活能力、实践能力和创新能力。这是中国本土化的新型的育人模式，在实践中取得了重要成果，获得2022年基础教育国家级教育成果奖一等奖，值得热烈庆贺。

当前，我国教育发展进入了新时代，党的二十大部署了教育强国的战略，教育要实现现代化，要为高科技自立自强提供人才支撑。教育要深化改革，转变教育观念，把立德树人作为教育的根本任务；改革培养方式，落实新课标提出培养学生核心素养的要求。要树立学生是学习的主体的思想，以学生为本，把教师的"教"转变为学生的"学"；把现存的碎片化的知识传授转变为对整体综合知识的探究生成；把重视教学结果、考试成绩的多少转变为对学习过程的重视和能力的培养，从而培养有创新意识和创新能力的人才。

呼家楼小学PDC教学模式给我们提供了一个样板，希望各个学校结合自身的特点和条件，深化教育教学改革，创造出具有中国特色的教育新经验。

（2023年11月18日）

对当前推进智慧教育的几点认识

教育原本是启迪人的智慧的一种活动，青少年儿童通过学习文化，获得知识，开阔视野，增长智慧，变得聪明。经济学家、教育家、中国社科院原副院长于光远就说："教育学就是聪明学"。今天我们谈的智慧教育不是传统意义上的教育，而是指现代信息技术、互联网、大数据、人工智能在教育领域的应用，通过技术帮助教师更好地认识个体的差异和不同的需求，智能化地提供适合不同个体需要的方案，促进智慧的教育。

现代信息技术在教育领域的应用有一个历史发展过程。第一代信息技术应用于教育是在20世纪初，运用的手段是幻灯、投影之类的工具。因为都要用电，所以中国学者把它称为"电化教育"。记得这个名词是陈友松教授于20世纪30年代在江苏教育学院时第一次提出的。第二代是在20世纪五六十年代，运用的工具是无线电、电视机，开始可以进行远程教育，出现了广播电视大学，国外称为"视听教育"。第三代是在20世纪70年代以后，运用的工具是电子计算机，出现了计算机辅助教学。第四代是在20世纪90年代，美国提出了建设信息高速公路，开始了互联网时代。21世纪出现了人工智能，进入了第五代，智能教育。[①]

20世纪90年代，当第三代计算机辅助教学出现很久以后，我国高等学校还只有少数计算机。1991年，我访问美国，问他们美国高等教育改革有什么动向。他们说，高等教育正在进行信息化改造，许多高等学校都有计算机教室。我看到艾奥瓦大学的一位教师正在研究从贝多芬音乐视频片中调出他所需要的章节用于教学。而我国那时许多高校都还没有开设计算机课程。1993年，美国总统克林顿提出建设信息高速公路，我国有些学者怀疑，我国经济发展水平是否有力量建设信息高速公路。但"话音未落"，信息高速公路就展现在我们面前，发展之快是前所未料的。进入21世纪以来，我国信息技术迅猛发展，第五代人工智能应用于教育领域，我们终于追上甚至超越了世界水平。

在20世纪90年代初，关于信息技术运用于教育，教育技术界有过一场名称的争论。老一辈的学者执著地称它为"电化教育"，认为电化教育是中国化的名称，已被大家接受。当时教育部设有电化教育司，各省市都设有电化教育馆。北京师大、华东

[①] 这里提及的"第几代"不是我们现在提到的4G、5G，而是指信息技术在教育领域应用的阶段。

对当前推进智慧教育的几点认识

师大一批年青学者认为国外电子计算机已经普及运用于学校教学,应该把名称改为"教育技术",适应时代的发展。1991年,教育部电化教育司邀请我担任高等师范院校教育技术指导委员会主任。我发现这个争论的实质是对信息技术在教育领域运用在认识上有差异。当时计算机教育尚未普及,学校里最先进的技术工具也只有电视机,教师讲课时还常常用幻灯片、投影等,计算机教育刚刚起步。而国外已经由视听教育转变到计算机辅助教育,早已改称教育技术。同时,教育技术不仅是应用技术手段,还包含教学设计、检测、评价等。我当时为了平衡两方的意见,提出,我们对外交流用"教育技术",对内用"电化教育",共同来研究发展信息技术在教育中的运用。同时,我在国务院学位委员会制定研究生专业目录时,建议设立教育技术学为一级学科。此后教育技术的概念逐步被大家所接受。

今天,进入了人工智能时代,因而出现了智慧教育的概念。这个概念不是替换教育技术,而是教育技术的迭代发展,使信息技术在教育领域的应用更加智能化。应该说,信息技术在教育领域的应用总是滞后于其他领域,这不只是在中国,在其他国家也是如此。多年来,信息技术在教育领域的应用主要停留在计算机辅助教学方面,即教师用PPT软件上课。近两年因疫情影响,发展了线上教学,但信息技术尚未在教育全部领域中应用;信息技术的互联性、开放性、个性性、虚拟性等优势尚未充分利用。信息技术在学校里应用滞后的原因,固然有技术因素,更重要的是教育是培养人的活动，教育除了传授知识外，还要培养学生世界观、人生观、价值观，丰富学生的精神世界。这必须由教师来引领，是技术无法替代的。所以大家在谈论未来教育时，认为立德树人的教育本质不会变化，教师是不可或缺的。

当前，智慧教育要在学校里应用，需要解决几个问题：一是教师的认识问题。要让教师了解信息技术的特点和优势。特别是要转变教育观念，认识学生的主体性，把老师的教转变为学生的学；同时认识个体的差异性，通过智能技术为个体设计适合他（她）发展的方案。二是要提高教师运用信息技术的能力。许多教师还不知道如何更好地运用先进的信息技术。虚拟技术（VR）在几年前已经出现了，但至今还没有在教学中得到应用。因此，要加强教师信息技术能力的培训。三是缺乏优秀的软件。懂技术的专业人员对教育不太熟悉，教育工作者又缺乏技术知识和能力。需要两者结合起来，征求基层教师的意见，共同努力，创造一批适合教师教学和青少年儿童学习的优秀软件。

开展智慧教育，我觉得还需要处理好几个关系。一是处理好技术与人文的关系。智慧教育正在改变着教育的生态、教育的方式、师生关系等，但立德树人的本质不会变。要让信息技术在促进学生智能发展的同时，使他们懂得尊重人、尊重生命、尊重自然，提高文明程度。二是处理好现代教学与传统教学的关系。开展智慧教育，不是抛弃传统，而是在传统基础上的发展。教育教学中要把现代和传统结合起来。三是处理好虚拟与现实的关系。

运用虚拟技术使学生更容易理解教学内容，容易获取应用的技能。但虚拟世界毕竟不是现实世界，还是要让学生走到现实的大自然、走进社会，去发现、去体验，来增长自己的智慧。同时，要防止学生迷恋于虚拟世界，迷恋于网络游戏。

我对于信息技术完全是外行，只是从教育的视角和个人的经历谈一点对当前推进智慧教育的粗浅认识，求教于大家。

（原文载于《中国教育报》2022年11月8日）

社会性科学教育的重要性

人类发展离不开科学。但是，科学技术却是一把双刃剑，既给人类带来了福祉，也给人类带来了麻烦。人们在生产生活中滥用科学技术，造成了资源的透支和浪费、环境的污染、气候变暖，人类生存受到了威胁。人们一方面因为科学技术的发达，享受丰富的物质财富，另一方面却物欲膨胀、道德滑坡。科学技术的进步使社会生活发生了剧烈的变化，从而影响到人们的价值观。于是人们不禁要问，人类不断创造新的科学技术究竟是为什么？怎样才能使科学技术造福于人类？

20世纪之初曾经有过一次科学主义与人文主义之争。在第一次世界大战之后，欧洲曾出现过反科学主义思潮，他们把包括道德堕落在内的一切社会灾难都归之于科学技术的发展，提出了"或是科学进步或是人的进步"的口号。但是另一部分持科学主义的人认为，科学技术的发展必然会增进人的知识和智慧，提高人的文化素养和道德水平。其实这两种观点都有片面性。总体上来讲，科学技术促进了人类的发展和进步，问题是它掌握在谁的手中，如何科学合理地运用科学技术，保持生态平衡。正如恩格斯在马克思墓前的讲话中说的："在马克思看来，科学是一种在历史上起推动作用的、革命的力量。"[①] 恩格斯在《英国工人阶级状况》中也说："英国工人阶级的历史是从上个世纪后半期，随着蒸汽机和棉花加工机的发明而开始的。大家知道，这些发明推动了工业革命，工业革命同时又推动了整个市民社会的变革，它的世界历史意义只是现在才开始被认识。"[②] 革命导师的论述，说明科学技术总是和社会生活联系在一起的。

科学技术确是一种社会性的科学，要从社会发展和变革中来理解科学技术，认识科学技术与社会的联系。最近几十年来，科学技术在社会生活各个领域的应用越来越广泛。新的科技革命不仅改变着社会生产和消费方式，而且正在改变着社会的精神面貌，改变着人们的价值观念，从而在一定程度上打破了自然科学与社会科学及人文科学的界限。科学、技术、社会已经不是三个孤立的概念，它们连为一体，成为一个具有广泛含义的新概念：社会性科学。

早在 20 世纪 80 年代，发达国家就兴起了一门新课程：科学、技术、社会（science, technology and society）课程，简称 STS

---

① 马克思，恩格斯. 马克思恩格斯选集：第 3 卷. 3 版. 北京：人民出版社，2012：1003.
② 马克思，恩格斯. 马克思恩格斯选集：第 1 卷. 3 版. 北京：人民出版社，2012：87.

课程。在英国,有的教育家甚至认为,STS课程应该是每个未来公民必须学习的"新的公民课",每个公民必须懂得科学技术对社会产生的影响,正确地运用科学技术的优势来促进社会进步,造福人类。我们曾经把STS课程引进我国,1994年我们还编纂了一部大型《STS辞典》。北师大附中曾经开展过STS课程的实验。可惜当时国人对STS课程还缺乏认识,STS课程未能在我国推广。

随着科学技术的迅猛发展,教育工作者探究新的课程模式,21世纪初,STEM[①]的课程应运而生。STEM课程把数学、科学、工程和技术结合起来,通过跨学科、综合性的学习,经过学生的主动探索,培养学生的创新思维和创新能力。在实施STEM课程的过程中也有专家提出加进人文(art)的因素,把它变为STEAM课程。总之,在培养科学技术人才的过程中不能忘记科学技术与社会的关系。社会性科学就是在这种思维逻辑下产生的。

今天我们要加强科学教育,以提高全体国民的科学素养,培养有科学知识、科学方法、科学精神、创新能力的人才。但在进行科学教育时,切不能忘记科学技术的社会价值和社会方向。在中小学开展社会性科学教育,可以使学生通过学习,不仅掌握科学知识、科学方法和操作技能,同时掌握科学的世界观、人生观、价值观和解决社会实际问题的能力。

社会性科学是一门科学,还是一套课程,或是一种学习科学

---

① stem是科学(science)、技术(technology)、工程(engineering)、数学(mathematics)的英文首字母的缩写。

的路径？这是值得教育工作者研究的问题。目前来讲，恐怕还是要聚焦到学习科学的路径上来，经过学校师生的实践，一方面对学生进行科学教育，另一方面研究开拓课程设计，逐步建立一套社会性科学课程。我的理解是，社会性科学其实也是当前流行的项目式学习的一种延伸，也是STEM课程的另一种模式，是以科学技术与社会关系为其项目的主要内容和研究课题。学生在社会生活中找到包含科学技术的课题，或者从科学技术在社会运用中找到社会性问题，通过跨学科、综合性的研究，认识科学技术与社会生活的关系。例如，当前气候变暖的问题，从科学技术的角度综合研究它的成因以及缓解的途径；又如社会生活中使用薄膜塑料对环境的污染问题，既有社会问题也有技术问题。因此，社会性科学既具有科学性，又具有社会性，是一种跨学科、跨文化性、动态性、综合性的学习方式。

社会性科学有以下几个特点：

第一，它与学生的生活密切联系，克服了传统教育中把科学教育与社会实际脱节的弊端。以往的理科教育脱离实际，特别是在"应试教育"思想支配下，理科教育不是为应用，而是为应付考试，中学的理科教育尤其如此，重理论轻应用、重解题轻动手、重分数轻创造。社会性科学是让学生从社会中找课题，通过研究探讨，找到解决的办法。在研究探讨过程中学到科学知识，养成科学精神，掌握科技能力。

第二，具有跨学科性、综合性、动态性。传统理科教育分科进行，它对于学生掌握系统的基础知识无疑是必要的，但缺乏对事物发展的综合理解。当代科学的发展一方面越来越分化，另一方面越来越综合。社会性科学并不排斥分科教育，而是把各学科的知识综合起来，不仅让学生理解世界是统一的、物质是统一的，是充满着矛盾的，不能孤立地、静止地看世界，理解当代科学的综合性，同时培养学生综合思考、综合解决问题的能力。

第三，具有人文性。社会性科学是从社会中找问题，与人们的生活密切相关，许多问题需要运用社会学、文化学的知识来解释。比例，垃圾分类问题，既是科学技术问题，又是社会问题，既需要科学技术来解决，又需要市民的理解和配合。

第四，具有趣味性。中小学生具有强烈的好奇心和求知欲，但单科学习有些枯燥，学业负担又太重。许多学生学习理科觉得太难，缺乏兴趣和动力。社会性科学从学生的生活中来，可以激发学生的好奇心和兴趣，引发学生学习科学的动机，培养他们的科学意识和创新能力，反过来又有利于理科系统知识的学习。

当前，社会性科学还在实践试验中，希望教育工作者重视此项试验，一方面总结实践经验，另一方面还需要加强理论研究，从学理上阐明它的性质和教育的价值。以上意见供大家讨论。

（原文载于《教育家》2024年第1期，题目有改动，原题目为"生活中处处有科技"）

杰出人才和普通劳动者

二十届中共中央政治局第五次集体学习时提出，建设教育强国，是全面建成社会主义现代化强国的战略先导，是实现高水平科技自立自强的重要支撑，是促进全体人民共同富裕的有效途径。为此，基础教育要为培养掌握高水平科技的杰出人才打好基础，并且要培养创造富裕生活的劳动者。杰出人才是极少数的，他们具有很高的天赋，又接受了很好的教育，是经过自己的不竭努力和长期锤炼而打造成的。创新型的普通劳动者是人人都应该做到的，而且在当今创新变革的时代，每个劳动者都应该有创新思维和创新能力。杰出人才需要在因材施教、普遍提高的基础上及早发现、及时培养，使他们能够在一般同学中脱颖而出。我不反对设立少年班，少年班就是对脱颖而出的聪明孩子给予特殊的培养，但发展还是要靠他们自己。

热风集：顾明远教育沉思

　　是不是考试成绩好的就是天才学生？不见得。清华大学开办了钱学森班，经过多年的实践，老师们发现高考成绩好的并不一定有发展前景。在科学技术研究中有发展前景的人需要有五种素养：一是内驱力。对专业不仅有兴趣，而且痴迷于专业的发展。二是毅力。有不屈不挠的精神，经得起挫折，能屡败屡战。三是开放性。能接受别人的意见，吸取别人的长处。四是智慧。常思考，在实践中去体会，悟出道理。五是领导力。所谓领导力，不是去领导别人，而是有自我认识，善于沟通，善于接纳合作，能用自己的品质和行为去影响别人。我觉得这五种素养很重要。为此，从小就要培养学生对学习的兴趣。每个儿童都是科学家，幼儿对外部世界感到无限好奇，总会问这问那。我们就要爱护他们这种好奇心。小学就要培养他们的学习兴趣，到中学就应该培养他们对专业的兴趣，逐渐形成自己发展的专业志向，并且培养他们不屈不挠的精神和抗挫折的能力。

　　实现全体人民共同富裕，要有各行各业的创新人才。早在1985年，《中共中央关于教育体制改革的决定》中就提到，教育要为社会主义建设服务，"要造就数以亿计的工业、农业、商业等各行各业有文化、懂技术、业务熟练的劳动者"。还有其他各种企事业单位的工作者。基础教育还要为培养创新型劳动者打好基础。为此，基础教育要深化教育改革，要树立正确的教育观、人才观、质量观。

　　要深化教学方式方法的改革。以学生为主体，充分认识和发挥学生的潜在能力；开展各种活动，让他们在活动中体会人生，发展人生，成为最好的自己。在实现教育现代化的过程中，一定能培养大批创新型劳动者，并会有杰出人才脱颖而出。

　　教育是有规律的，树立正确的教育观、人才观、质量观，就要了解教育的规律。不论是培养杰出人才还是普通劳动者都要遵循教育规律，违背了规律就难以成功。遵循儿童生理心理阶段的发展、个性的发展就是一条规律。没有兴趣就没有学习效果也是一条规律。有兴趣的学习是主动的学习、积极的学习，必定是效率高的学习。学生在活动中成长也是一条规律。活动会激发学生的活力，使其体会个人与自然和社会的关系，增长智慧、增强能力。所以我提倡不仅老师要学教育学、心理学知识，家长也要学点教育学、心理学知识。现在许多家长总以为学习得越多越好，而不顾孩子能不能消化。我劝我们的家长要顺应孩子的自然天性，培养孩子对学习的兴趣，让他们在学习中体会到乐趣，自由翱翔。

　　（原文部分载于《新教师》2023年第12期，略有删改）

大家都来关心青少年的健康

当前青少年的心理健康状况令人担忧。有关机构调研结果显示，小学生里就有人患抑郁症。问题出在哪里？就出在中小学生的学业负担太重，学习竞争给学生带来沉重的心理压力。对学习缺乏兴趣，被动学习，不仅效率不高，而且会导致学生把学习作为竞争手段，把同学作为竞争对手，缺乏抗挫折能力。有的学生产生了厌学情绪，有的学生因为学习遇到某些挫折甚至跳楼自杀。这种现象再也不能继续下去了。

出现这个问题，有社会的原因，也有观念的原因。一是学校发展还不均衡，校际教学质量有差距。家长总希望自己的孩子能上优质的学校，将来考取理想的大学。二是观念问题，一些家长总以为知识学得越多越好，作业越多越好。这是一种应试思维，不讲学习规律，也不讲学习效果。

怎么解决这个问题？必须从根源上解决，把学生从学习的重压之下解放出来，让学生自主地学习、有兴趣地学习。"双减"政策出台，旨在规范校外培训机构，减轻学生上各种课外培训班的学业负担。课外培训源于家长的焦虑，更深层次的压力来源于社会竞争。但要知道，孩子的发展是有规律的，教育是有规律的。遵循规律，孩子就能顺利发展，违背规律就会适得其反。

2015年，联合国教科文组织在《反思教育：向"全球共同利益"的理念转变？》报告中提出："学习既是手段，也是目的；既是个人行为，也是集体努力。学习是由环境决定的多方面的现实存在。""学习不应只是个人的事情，作为一种社会经验，需要与他人共同学习，以及通过与同伴和老师进行讨论及辩论的方式来学习。"可见，学习是要互相学习、共同进步的。

化解家长焦虑和学生学习的心理压力要从两方面着手：一是转变观念，二是制度设计。

首先是树立科学的教育观念。教师也好，家长也好，尤其是地方行政官员，要树立正确的教育观、人才观、质量观。习近平总书记指出，建设教育强国是实现高水平科技自立自强的重要支撑，是促进全体人民共同富裕的有效途径。教育既要培养高精尖杰出人才，又要培养大国工匠、现代农民，等等。教育要因材施教，顺应孩子的天性，充分发挥他们的潜在能力。教育不能讲竞争。

其次是要加强科学的制度设计。减负并非一减了之，而是要加强公共教育供给，使学生的学习生活丰富多彩。

第一，要大力推进教育的均衡发展，加强薄弱学校的建设。

当前，人民群众对教育的期盼与教育发展的不均衡之间还存在矛盾，每位家长都想让自己的子女进入优质学校，这是可以理解的，只有教育均衡发展了，才能从根本上破解学生负担过重的难题。但教育的均衡发展并不意味着学校之间没有差异。家长要转变观念，支持和帮助学校的改革，支持和帮助学校提高教育质量，而不是把选择学校作为竞争的目标。

我提倡实行义务教育九年一贯制，把小学和初中连贯起来。小学生的潜能是很大的，五年完全可以完成六年的学业，这已经为实践所证明。北师大实验小学五年制实施了30多年，培养的毕业生都能顺利地在初中学习。九年一贯制要对课程进行整合调整，高年级开设一些选修课，给学生提供更多的选择，做到因材施教。九年一贯制还可缓解家长"小升初"的焦虑。

第二，要办好每一所学校，上好每一节课，教好每一个学生。学生的学习能力和学习水平是有差异的，应该因材施教，促进每一个学生的发展。要深化教育改革，要把课堂教育作为立德树人的主渠道，改进教学方式方法，上好每一节课，教好每一个学生。一堂好课的标准是能不能启发学生的思维，能不能照顾到每一个学生。

第三，要培养学生对学习的兴趣。儿童是天生的好奇者，他会说话以后就会问这问那，对周围的世界充满了好奇。我们要呵护儿童这种好奇心。到了小学就要培养他们对学习的兴趣，有了兴趣他们就会自主地刻苦学习。

第四，教书育人在细微处。教师和家长都要细心观察学生，重视学生的思想情绪。要经常和学生沟通，了解学生的需要和困扰，帮助学生化解矛盾。

第五，学生成长在活动中，要为学生开展丰富多彩的活动。社会要积极提供学生活动的场所，使学生在活动中自主地掌握知识、培养能力、扩大眼界、增长智慧。

最近，课间十分钟怎么安排，是把学生关在教室里，还是让他们走出教室活动活动，成为社会议论的热点。这里体现了两种教育观念。当然由于学校管理法治的缺乏，教师和校长都怕承担责任。把学生关在教室里，不仅有碍于学生的身体发育，也使其缺乏活力，对事物缺乏激情，影响其身心健康。

家长对学生在活动中磕磕碰碰要有正确的认识和态度。我记得当年我在美国参观幼儿园，发现他们的设备很简陋，活动园里堆着许多汽车轮胎、钢铁架子。孩子在那里爬上爬下，看起来很危险。我问老师，孩子会不会摔坏，家长会不会告你们？老师回答说："家长送孩子来上幼儿园，就是来锻炼的。"可见这是一个观念问题。

总之，学校、家庭、社会都要对学生的健康负起责任来，改善学生的学习环境，使我们的学生能够生动活泼健康地发展。

（本文为在第三届青少年心理成长与心理健康教育论坛上的发言，载于《中国教育报》2024年6月6日）

研学旅行的重点在于研和学

教育部等11个部门发布的《关于推进中小学生研学旅行的意见》（以下简称《意见》）中指出，开展研学旅行，有利于促进学生培育和践行社会主义核心价值观；有利于推动全面实施素质教育；有利于满足学生日益增长的旅游需求，从小培养学生文明旅游意识。《意见》提出，要将研学旅行纳入中小学教育教学计划。因此，研学旅行是一种教育活动，与一般成年人的旅行不同。成年人的旅行目的是娱乐、消遣。研学旅行除了娱乐外，更重要的目的是使学生受到教育。

为此，研学旅行需要精心准备，旅行机构要根据中小学生不同的年龄特点设计旅行的内容、地点、时间，把研学旅行课程化；需要根据《意见》中提出的教育性、实践性、安全性、公益性原则，制定严密的研学计划和具体要求。把学生带到大自然、大社会，使学生通过旅行长知识、增智慧。

研学旅行的组织者、领队应该不只是一个普通的导游，应该是一名教育工作者，也是一名教师。他要和教师一样来培养学生，只是方式不同，因为研学内容不受课程的限制，而且方式灵活多样。正因为如此，所以国家设置了"研学旅行指导师"这个职业，提出了对指导师的要求。这是对研学旅行组织者的重视和尊重。所以我希望我们的研学旅行组织者能够正确认识自己的教师职责。希望你们学点教育学、心理学知识，了解青少年的特点和教育基本原则；研究一下学校的课程和教材，研学旅行中能够配合学校教育教学，使研学旅行取得更好的效果。

当前，科学技术突飞猛进，国际竞争日益激烈。国际竞争说到底是科技的竞争、人才的竞争。因此，教育改革要深入进行，要培养有广阔视野、创新思维的时代新人。近几年来，国家发布了一系列教育改革的文件，有《关于深化教育教学改革全面提高义务教育质量的意见》《关于进一步减轻义务教育阶段学生作业负担和校外培训负担的意见》《深化新时代教育评价改革总体方案》《关于全面加强新时代大中小学劳动教育的意见》等。2022年又公布了义务教育阶段新课标。新课标对培养核心素养的要求和"双减"政策等，都是指向教育的深入改革。总的精神就是要培养德智体美劳全面发展和个性发展的社会主义建设者和接班人。教育改革给研学旅行提供了机遇。

（本文为2023年7月在研学旅行研讨会上的发言）

阅读：打开智慧之门的金钥匙

儿童是天生的探索者，出生以后对外部世界充满了好奇，等到会说话了，就会问这问那。这时候父母或老师就要开始把他们引向智慧之门，给他们读点童话故事，启发他们的思维。等到上小学了，老师要利用课本指导儿童阅读。老师上课不只是把课本中的字词句或一些概念教给儿童，而是要引导他们阅读，培养儿童阅读的习惯和兴趣。儿童有旺盛的求知欲。记得我们小时候，新学期领到新语文课本时，一口气就先把它看完，想知道课本中的内容。但课本中的课文只有几十篇，远远不能满足学生对知识的渴求。著名小学语文教育家霍懋征老师教语文，就善于通过课本引导学生阅读，她的学生一学期能读到上百篇文章。到中高年级时，学生已经掌握了一定的阅读能力，就可以指导他们阅读整本书了。现在可读的书很多，20世纪五六十年代书比较少，我就让学生读《西游记》。《西游记》是一本能够激发学生想象力、富

阅读：打开智慧之门的金钥匙

有趣味的书，从而慢慢养成他们读书的习惯。到中学就可以让学生读点经典著作了。

中小学的课程涉及各门学科和各类知识，为什么还要提倡阅读？因为中小学各科课程的知识是最基础、最基本的知识。知识有如海洋，中小学学习，好似给学生搭建一叶扁舟，让他们能够到知识海洋中去自由游弋，获取更多的知识，增长更多的智慧。

阅读不仅长知识，而且可以使学生从书中体悟出人生的价值和发展的途径。思想家惠普尔曾经说过，书籍是屹立在时间的汪洋大海中的灯塔。著名教育家苏霍姆林斯基也曾说，把每个学生引导到书的世界中去，培养他们热爱书籍，使书籍成为智力生活的指路明灯。阅读指引着我们人生发展的航向。

阅读是一种与思想家、作家对话、思想交流的过程，可以深入了解作者对人、对事、对物、对景的思考和情感。苏格拉底说过：读书是一种对话，是一种探索真理的方法。歌德曾说，读一本好书，就是和许多高尚的人谈话。通过阅读也就了解了作者高尚的思想，向他学习，从而提高我们自己的思想品位。同时，阅读也是一种自我教育的途径。它可以使我们从别人的智慧中吸取营养，从而增进自己的知识和判断能力。

阅读也是一种自我修养的方法，能够训练自己的思维，使我们的思想更加活跃、想象力更加丰富，使我们从小书本走向大世界，养成宽广的思维、宽容的思维、创造的思维。

所以说，阅读是打开智慧之门的金钥匙。一本优秀的读物，可以启迪我们的思想，使我们知道自己是从哪里来的，要走向哪里，世界是怎样的，未来将如何发展。它可以教育我们如何做人，告诉我们如何面对困难，克服困难，走向成功。

现在学生要"减负"，提倡学生阅读，会不会增加他们的负担？不会的。阅读是一种课后自愿的、有趣味的活动，恰恰是"减负"以后应该提倡的。阅读不需要考试，学生没有考试的心理压力，而且学生通过阅读增加了知识、增长了智慧，更有利于课堂里的学习。

老师对学生的阅读要加以指导。首先要帮助学生选择优秀的读物。现在市场上的读物很多，质量参差不齐，要选择适合儿童和青少年的著作。低年级可以选择一些童话故事，高年级可以选择一些经典的书籍，历史故事、科学读本、名人名著等。也可以根据学生的特长爱好，选择适合他们个性发展的课外读物，促进他们个性发展。同时老师要指导学生怎样阅读，有些书可以泛读，有些书需要精读。但读书要思考，思考才能有收获。老师也可以和学生共同阅读一本书，然后一起讨论，互相学习。还可以开读书会，让学生展示读书的心得和体会。

总之，我希望我们的孩子们喜欢阅读，从小书本走向大世界！

（原文载于《人民教育》2024年第8期，题目有改动，原题为"从小书本走向大世界"）

谈谈读书

《中华读书报》：在《顾明远口述史》中，您提到自己幼年时读过《三字经》《孟子》《大学》等经典。近些年来兴起国学热，您鼓励孩子们学国学吗？书中也谈到您在青年时期读了很多俄国著名作家果戈里、陀思妥耶夫斯基、契诃夫、高尔基等人的作品，这对您的人生产生了怎样的影响？

顾明远：我不鼓励小孩子很小就去学国学。所谓国学，是一门学问。小孩子读一些经典的古籍著作当然是很好的，但是不一定是国学。

高中时，我读过《钢铁是怎样炼成的》和《西行漫记》，对我的人生影响很大。在上海当小学教师时，我周日常去书店买书，阅读了几部苏联著名作家的著作，还读了艾思奇的《大众哲学》。我在北师大工作时还读了《资本论》，受到马克思主义的启蒙。后来，我到苏联去留学，苏联的大学教学非常重视对原著的学习和课堂讨论，称之为"习明纳尔"。对我们来说，尤其是在语言水平不高的前提下，这种学习方式非常困难，但也非常受益。现在我研究问题、写文章，还常常得益于当年读的马列主义原典和教育理论原著。

《中华读书报》：您如何看待当下教师的阅读？

顾明远：我非常赞同鲁迅先生关于阅读的观点。鲁迅讲阅读有两种：一是职业性的阅读，为了自己的职业发展，要多看一些专业书籍；二是闲暇的阅读。我一直主张老师要多读书，因为读书可以提升文化素养，增长智慧。我这里提到的阅读也分两种：一是读一些专业书，不断了解所学专业的发展前沿；二是要读经典。我经常讲理科的老师要读一点文科的著作，文科的老师要读一些科普作品。老师们应该根据自己的专业和爱好去选择书。所谓好书，就是能引人深思的书，或是有很强知识性的书。我判断好书的标准，就是这本书是不是蕴含人文精神，是不是给人以启发。现在的书多如牛毛，教育类的书也多得很。有的书理论性很强，有的甚至照搬了一些国外的教育理论，很难看懂，翻一翻就过去了。有些书籍生僻字很多，新造的字词也很多，我也不大喜欢。这些书还是要用大众能够读懂的语言来写。

《中华读书报》：您曾主编《北师大的先生们》一书，不知您对此有何体会？

顾明远：在120多年的办学历史中，北师大名师荟萃、学风诚朴、成就辉煌。一代一代名师先贤在此弘文励教，如梁启超、李大钊、范源廉、鲁迅、钱玄同、陈垣、刘盼遂等。他们都是北师大的大先生，他们身上有着学者的责任和博大的胸怀，有着高尚的道德情操和身体力行的奉献精神。

2022年是北师大成立120周年，学校决定出一部关于大先生们的著作，邀请我担任主编。我想上述老一代的先生都很知名。而新中国成立后，在中国共产党的领导下，北师大的发展进入一个崭新时期，又有了一批长期为学生成长、学校发展呕心沥血的大先生。介绍他们的事迹，对后辈学者来说，可能更有亲近之感。所以《北师大的先生们》一书中选录的大先生，大多出生于20世纪初至二三十年代，新中国成立后积极投身于北师大的教育教学和学科建设工作，如教育系的陈景磐、毛礼锐、王焕勋、卢乐山、黄济等，文学系的钟敬文、启功、郭预衡、聂石樵、童庆炳……他们都是北师大杰出教师的代表，是大师，是大先生。在主编的过程中，最让我感动的是，先生们的学生们以回忆录的形式来致敬自己的老师，文字间吐露的情感是朴实而真挚的，既描写了先生们传道授业解惑的点点滴滴和辛勤付出，又表达了深厚难忘、亲密无间的师生情。

《中华读书报》：您有时间重温读过的书吗？如果有，反复读的书有哪些？

顾明远：我现在经常看的有《论语》《道德经》《大学》《红楼梦》《诗经》，有关教育方面的经典著作，也会反复重温。我觉得《红楼梦》可以说集中反映了中国古代封建社会的一切文化形态，包括思想观念、礼仪制度、人情世故、文化精神，既有优秀的，又有腐朽的，可以说是中国古代封建社会的缩影。

鲁迅的著作我也是常读的，也经常引用。"文化大革命"期间，我就把《鲁迅全集》都读了。从教育的观点来看，鲁迅的作品不仅针砭时弊，而且很关心下一代的教育问题。于是我就萌发了开展鲁迅教育思想研究的想法。1980年，我和时任杭州学军中学校长的俞芳、杭州大学教育系的金锵等一起完成了《鲁迅的教育思想和实践》一书。现在我也经常引用鲁迅关于儿童教育的观点。

《中华读书报》：《鲁迅的教育思想和实践》一书写作角度独特。之前很少有人能够从鲁迅著作中提炼其教育思想。不知您是如何总结的呢？

顾明远：鲁迅活到55岁，在教育部门工作了17年，所以他的著作中有很多关于教育的文章，如《我们怎样做父亲》《我们怎样教育儿童的?》《从孩子的照相说起》等。他的教育思想是一贯的，而且很先进，有些话说得很精辟。他最主要的教育思想是反对用封建思想去毒害青年、毒害孩子，要解放我们的孩子，解放我们的社会。

《中华读书报》：鲁迅的教育理念在今天看过时吗？

顾明远：今天看，鲁迅的教育理念仍然有很强的现实意义。当前，我们的教育仍受一些封建思想残余的影响，比如"学而优则仕"的思想。为什么现在教育竞争那么激烈、家长那么焦虑？家长希望孩子能够成才没有错，但是人才是各种各样的。大多数家长认为"学而优则仕",从不提"学而优则工""学而优则农",认为孩子中学毕业一定要考大学,要考清华、北大,不想让自己的孩子报考职业学校。这难道不是受到封建思想残余的影响吗?鲁迅讲"要解放孩子",到今天还是要讲"解放孩子",让孩子们从被动的学习、从过重的学业负担、从教育的激烈竞争中解放出来,生动活泼地成长。

《中华读书报》:您提倡文科生看科普书,这个理念是从什么时候有的?

顾明远:我当教师的时候就有这个意识。我很早就看了《资本论》,了解了大工业生产需要人的全面发展。1974年,我作为中国代表团的顾问参加了联合国教科文组织第18届大会,看到了联合国教科文组织教育委员会1972年发布的教育报告《学会生存——教育世界的今天和明天》。这个报告全面阐述了终身教育的历史必然性及深远的意义。这个报告对我影响很大,其中提出终身教育理念,提出科学技术影响社会生产,甚至影响社会变革。从那个时候起,我就更关注科学技术的发展,1981年我还写过一篇文章《现代生产与现代教育》,表达了一些思考。

前不久北师大召开了一个"社会性科学议题学习"(Socio-scientific Issues-based Learning,SSI-L)项目专家咨询会议,讨论自然科学跟社会、政治、经济与日常生活行为怎么紧密结合。"社会性科学议题学习"在培养学生核心素养、科学素养,贯彻落实立德树人根本任务方面具有重要作用。

过去我们讲教育是教育，科学是科学，现在大家慢慢理解了科学跟教育、生产、社会的紧密联系。

《中华读书报》：您怎样看待文化与教育的关系？

顾明远：我们搞比较教育研究的，要了解各个国家的文化背景。我们的教育制度为什么跟其他国家不同，即使都是资本主义国家，为什么日本的教育制度和美国、德国的教育制度不一样？因为文化基础不同。20世纪90年代，我就提出要重视现代教育和传统文化的关系。研究各国教育，就要研究各国的文化。研究中国的教育，一方面要了解中国的文化，了解中国传统文化的基本精神及其对中国教育的影响；另一方面也要分析影响中国教育的中外各种文化因素，提醒当代教育工作者正确对待教育现代化与中国传统文化的关系。这些观点在我的《中国教育的文化基础》一书中有所阐述。目前这本书已翻译成英文版、日文版，西班牙文的马上也要出版了。

《中华读书报》：再谈谈您的读书情况吧。您家里是不是藏书很多？还会经常买书吗？

顾明远：一部分书是人家送给我的，我自己也买。最近我的学生帮我在网上买了两本书：《楚辞》和《宋词》。《楚辞》我过去看过一些片段，现在教学任务也不是特别重，就想看看全文。我非常喜欢屈原忧国忧民的思想。但是我现在视力下降，读起来也蛮累。

《中华读书报》：如果有机会去一座荒岛，只能带三本书，您愿意带哪三本？

顾明远：《新华字典》《鲁迅全集》《红楼梦》。《红楼梦》这本书中学时我就读过，常读常新，每次都有新体会。

《中华读书报》：您现在的生活状态是什么样的？日常还阅读吗？

顾明远：我每天早上起来打开电脑看邮件，再看看学生发给我的论文，一两个钟头之后就休息了，下午主要是看报。《人民日报》《光明日报》《中国教育报》《北京晚报》，每个星期三的《中华读书报》，还有《参考消息》《报刊文摘》《中国教师报》。但是现在也只能看看大标题，个别文章用放大镜稍微看一下。

《中华读书报》：您的状态这么好，是有什么养生经吗？

顾明远：我有"三不"，不看养生节目，不吃营养品，不锻炼。不锻炼是说我这样的老人不要做剧烈的运动，不是说年轻的时候不锻炼。我年纪大了，现在也就是走走步，每天走个几千步。

（原文载于《中华读书报》2023年8月9日，题目与内文都有改动）

家长要学点家庭教育学

习近平总书记在党的二十大报告中指出，要"加强家庭家教家风建设"。在全社会加强家庭教育至关重要。家庭教育关系孩子的终身发展，关系千家万户的幸福，关系社会的和谐稳定。党的十八大以来，习近平总书记多次强调，要注重家庭、注重家教、注重家风，家庭是人生的第一所学校，家长是孩子的第一任教师，要给孩子讲好人生第一课，帮助孩子扣好人生第一粒扣子。还特别要求，办好教育事业，家庭、学校、政府、社会都有责任。总书记的重要讲话，为我们做好家庭教育工作指明了方向，提供了根本遵循。

随着社会的发展，家庭面临着社会现实情况的变化，家庭教育出现了许多问题。由于过去实行计划生育，城市家庭往往只有一个孩子，于是六个大人呵护着一个孩子；年轻父母由于工作忙，越来越多地由老人帮忙带孩子，两代人因育儿理念不一致产生了家庭教育的种种问题。特别是由社会竞争带来的学业、考试、升学、就业的压力，使家长产生焦虑情绪。家长缺乏对教育规律的认识，缺乏育儿知识，往往把压力转移到孩子身上，使孩子身心不能健康发展。有些家长对孩子期望过高，除了要求孩子在学校中必须获得优异成绩外，课外还让孩子参加各种校外补习班，增加了孩子的学业负担和心理压力，学校素质教育难以推动。当前青少年的心理健康问题值得关注。同时，学校办学与家长间缺少沟通，家庭教育与学校教育的割裂使得家长对学校的教育教学工作，特别是教育改革不理解、不支持等。因此，家庭教育非常重要。没有家庭的支持配合，学校的工作会事倍功半。

2021年《中华人民共和国家庭教育促进法》的公布，使家庭教育有了法律依据。《中华人民共和国家庭教育促进法》第14条规定："父母或者其他监护人应当树立家庭是第一个课堂、家长是第一任老师的责任意识，承担对未成年人实施家庭教育的主体责任，用正确思想、方法和行为教育未成年人养成良好思想、品行和习惯。"家长要承担这样的责任，就要学点家庭教育学知识。

家庭教育要符合儿童和青少年年龄发展的特点，了解儿童和青少年发展的规律。儿童的思维是由具体思维发展到抽象思维的，低年级儿童还没有抽象的概念。因此，对他们进行教育就要具体、要有趣味性，逐渐培养他们的抽象思维。儿童的注意力是不稳定的、不持久的，教育方式就要生动活泼，引发其兴趣。好奇心和创造性是儿童的天性，家长要保护他们这种天性，并激发他们的求知欲，培养他们对学习的兴趣。孩子往往喜欢把自己知道的事情、遇到的困惑、学习成绩告诉家长。但有的家长倾听孩子的诉说时缺乏耐心，所以许多小学高年级的孩子往往不愿意和家长交流。家长要善于倾听，与孩子交流，首先要能倾听，肯定他的成绩，解决他的困惑。十三四岁的少年与小学儿童又有不同。他们的基本特点是：独立生活的要求很强烈，不愿意依附家长和老师，而愿意单独行动；他们好奇心很强，许多事情都想试一试。但是他们认识能力又有限，不能正确地判断是非，处在愿望和能力不相适应的矛盾状态中。这个时期的教育特别要注意引导，把他们的好奇心引导到正确的方面。总之，每个年龄段的孩子都有不同的特点，只有根据这些特点进行家庭教育，才能收到良好的效果。在家庭教育中，要特别重视孩子思想品德的养成，从小培养孩子良好的习惯，从习惯逐渐形成信念；要培养他们的自尊心、自信心和自立自强，使他们形成开朗、开放、活泼、尊重他人的心态。

家长要把热爱孩子与严格要求结合起来。在家庭教育中，我们常常遇到一种错误的方法，那就是溺爱孩子，满足孩子的各种要求，对他们的错误思想姑息迁就，使孩子轻则养成任性、自我中心的坏脾气，重则养成好逸恶劳的习惯，直至误入歧途。家长应该对孩子严格要求，但又不能简单粗暴。

家庭教育与学校教育最大的区别是家庭教育没有教材、没有课堂，它的教育力量就在于家长的榜样作用。家长的一言一行，无不深刻烙印在孩子的脑海里。家长的好思想、好品德、好习惯会潜移默化地传给孩子；家长的坏思想、坏品德、坏习惯也会不知不觉地影响孩子。因此，家长的一言一行都要为孩子做榜样。

家庭教育是一门科学，家长要学点家庭教育学知识，为孩子德智体美劳全面发展打下良好的基础，培养他们将来成为国家的栋梁，实现人生的幸福和价值。我曾经建议，把"家庭教育学"作为大学一门通识课程，因为大学生将来要当父母，要有正确的育儿思想、育儿的知识和能力。

当前，我国教育进入了一个新时代，要提高教育质量，实现教育现代化。教育遇到多种挑战，科学技术的日新月异要求教育培养具有创新思维和创新能力的人才；信息技术的发展，大数据、互联网、人工智能正在改变着教育的生态和教育的方式。学校教育正处在深化教育改革的过程之中。家长要转变教育观念，树立正确的教育观、人才观、质量观，配合和支持学校的改革，推进素质教育，以共同培养德智体美劳全面发展的社会主义建设者和接班人。

中国人民大学成立家庭教育论坛，有着重要意义。家庭教育的研究要以习近平新时代中国特色社会主义思想为指导，学习贯彻习近平关于教育的重要论述；弘扬中华优秀传统文化和中国家庭教育的宝贵遗产；结合新时代青少年的特点，为中国式现代化建设提供人才支撑。希望中国人民大学家庭教育论坛为我国家庭教育的发展作出重要贡献。

（本文为 2022 年 5 月 14 日在中国人民大学家庭教育论坛成立大会上的发言）

致未来的教育家

没有爱就没有教育,没有兴趣就没有学习,教书育人在细微处,学生成长在活动中

北京市徐云五少年宫首无 教育素养们题书于二〇二〇年秋

对话佐藤学：致创造未来的中国教师

2024年3月29日，在由北京师范大学、丰台区人民政府主办，北京师范大学教师教育研究中心、丰台区教育委员会承办的"学习共同体与教育革新论坛暨第5届全国学习共同体大会"上，北京师范大学资深教授顾明远与日本东京大学名誉教授佐藤学带来了一场"高峰论坛"。这是时隔多年后，两位教育专家的又一次深度对谈，他们分享了对新时代教师面临的挑战与教师发展方向等问题的最新思考。

新时代，教师需要具有更大的变革推动力和决心

佐藤学：我和顾明远老先生好几年没有见面了，今天见到顾明远先生，发现您依旧康健，看到您精神矍铄非常开心。顾明远

热风集：顾明远教育沉思

先生是我非常尊敬的教育学者，他对中国教育的思考常常深深吸引着我。我手上有一本顾先生所著的日文版《中国教育的文化基础》，这是所有做中国教育研究的日本学者必读的一本书，这本书我读了很多遍，每一次都有新的收获。这本书不仅涉及中国传统教育文化的基础，更告诉我们在研究本土教育的时候，不仅要立足自己的教育传统，同时要开阔眼界，了解外国教育动态——这对我而言是非常重要的。

自从30年前我与顾明远老先生第一次见面以来，顾先生一直鼓励我，我也一直非常关注顾先生的研究。顾先生不仅仅是我在学术追求上的一位向导，于我个人而言，我还把顾先生当成我的父辈，感受到了我们之间强烈的联结。

当今世界纷争不断，各地纷纷爆发经济危机，不仅我们的经济和平受到威胁，我们的学生当下的幸福和未来的福祉也受到了严重的影响。在这样变化多端的国际社会形势之下，教师应该承担什么样的责任？这是教师必须考虑的课题。我认为现在我们面临的时代是必须开拓新局面的时代，在新的形势下，教师需要具有更大的变革推动力和决心，特别是创造着未来的中国教师，承担着、肩负着重大责任的中国教师，更是如此。我想问一下顾先生，您如何看待面向21世纪的中国教师应该作出什么样的改变？

顾明远：非常高兴今天又见到佐藤学教授，我们已经是几十年的老朋友了，几年前我们两人曾经对话过。佐藤学教授对中国教育非常熟悉，大家都知道他到中国走访了几百所学校，可能比我们走访的还多，他的教育思想对中国教师和教育研究者很有启发，特别是关于"老师的教、学生的学"，他有许多新的理念，值得我们认真学习。

今天我们正面临着一个新的世界、新的时代，教师在这个新的时代要有所作为。2024年是习近平总书记在北京师范大学发表"四有"好老师重要讲话的第十年，当年他提出了"好老师"的四个标准。第一个标准是要有理想信念。建设教育强国是中华民族伟大复兴的基础工程，教师要有教育理想，要热爱教育工作。第二个标准是要有道德情操。立德树人是教育的根本任务，陶行知先生早就讲了"千教万教，教人求真；千学万学，学做真人"，我们一直把德育放在第一位，这就要求教师自己首先有高尚人格。第三个标准是要有扎实学识。因为教师需要传授知识、传授文化，所以自己要有扎实的学识。习近平总书记没有讲扎实学问，而是讲扎实学识，也就是说老师光有学问还不行，还得有见识，有开阔的眼界。第四个标准是要有仁爱之心。这是对教师的基本要求，教师要爱自己的学生，陶行知先生讲"爱满天下"，不能因为有的学生不讨自己喜欢、不对自己胃口就冷淡、排斥，更不能把学生分为三六九等。

习近平总书记高度重视教师队伍建设，他到北京市八一学校考察时，要求广大教师做"四个引路人"；他在清华大学考察时强调"教师要成为大先生"；2023年教师节前夕，习近平总书记致信全国优秀教师代表，明确提出并深刻阐释了中国特有的教育家精神。"教育家精神"是新时代对教师的新要求，也是对"四有"好老师的进一步阐述。在新时代，教师不但要用"四有"好老师的标准要求自己，还要用"教育家精神"鞭策自己成长。

同时我认为，新时代最突出的特征是创新，教育当然也要创新。我觉得创新可以包括以下几个方面。

第一，教育观念的创新。过去的教育观认为教师是主体，后来提倡学生是主体，这是一个观念的转变。我们提出来要将重视教师的教转变为重视学生的学，这是一个观念的转变。最近佐藤学教授提出来，教师不仅仅是一个教学专家，更应该是一个学习专家，这又是一个观念的转变。

第二，教育内容也要创新。2022年我国义务教育阶段新课标印发，里面提倡跨学科学习，提出要培养学生的综合素养。一个老师不仅应该关心他自己教的课，还要关心学生的全面发展。所以在课程内容上要提倡综合性、实践性，我们要在实践中、活动中让学生成长，我经常讲"学生成长在活动中"。这是内容的创新。

第三，教育方法要有更新。以前是老师滔滔不绝地讲，学生静静地听，现在提倡研究性学习、探究性学习、项目式学习，这是方法上的创新，我们进入了创新时代。所以我说，教育要创新，老师也要创新。

创新不是抛弃过去的一切

佐藤学：对于刚才顾老先生提出的这几点我个人特别认同，

我认为教师必须要有理想、有信念，必须要有特别高的专业素养，同时教师也必须热爱自己的学生。同时在聆听您的介绍的过程当中，我不由得想起，现在中国教育提倡的"四有"好老师，中国老师需要的"教育家精神"，如果回溯中国教育传统，我们会发现其中也蕴含着这样的思想，比如陶行知、陈鹤琴、蔡元培等，这些学者的教育思想与这些思想有相通的地方。我想，教师可以从过去的优秀教育学者的思想当中汲取营养，作为教师，当我们面向新时代时，可能很多时候必须要回溯我们自己的传统，我也想知道顾老先生对于有着丰厚的教师文化和教育文化的中国，如何向过去、向传统学习？

顾明远：新时代新教师要有新的思想、新的观念，但这个"新"不是从天上掉下来的，"新"跟传统联系在一起，创新是要在原来的基础上创新，不能脱离原来的基础。中华文明有五千多年的历史，我们有优秀的传统。我过去是搞比较教育的，所谓比较教育是对世界各国教育的比较，找出它们的规律。我在搞比较教育的几年当中发现，单纯地去认识别的国家的教育制度、教育方法，有很多说不清楚，为什么？与本国文化、本民族文化有关系。包括我们研究美国、德国和法国，我们的教育和它们的教育完全不同。要了解一个国家的教育，就必须了解这个国家的文化。再比如中国和日本的教育，中国和日本两个国家政治制度不同，但教育有很多相似的地方，为什么？因为中国、日本、朝鲜等亚洲国家都在一个儒家文化圈里。中国现在最困惑的是如何解决应试教育带来的问题，我们的考试传统是受过去科举制的影响，日本也是这样，日本过去也批评考试地狱。中国以前有很多孩子上补习班，我到日本去到处看见有私塾的"塾"字——就相当于我们的培训班，为什么？都有它的传统。

创新不是抛弃过去的一切，中国教育在中国文化的基础里继承了很多。而且教育有规律性，孩子的成长有规律性。我经常提倡我们的老师要学点教育史，从教育历史中看看前人是怎么教育孩子的，现在提出要寻找教育规律，但很多教育规律还无法用科学来解释。

给大家说一个故事，教育部原副部长韦钰是位科学家，长期研究脑科学。有一次聊天时，她说我们的教育还不是很科学。我就跟她开玩笑，我说你讲的是科学的教育，是西医，我是中医，我是通过广大的教师的实践经验来总结规律，比如我总结我的教育信条，"没有爱就没有教育，没有兴趣就没有学习，教书育人在细微处，学生成长在活动中"，这四句话不是我的发明，而是从广大教师的实践经验中总结出来的。

必须认识教育的两大"共同规律"

佐藤学：关于教育和科学的关系，我和顾老先生想的完全一样，我特别赞同您的想法。我个人从事了很多年的比较教育研究，日本有很多开展比较教育研究的学者，常常比较的是两个国家有什么不同，特别关注这种不同。但对于教育而言，不同基础之上还有共同的一点，即对于教育本质的追求。我个人认为基于多样性比较当中需要共同追求的一点是非常明确的，就是对于教育本质的追求。特别是多样性之所以展现，我认为是基于每个国家不同的历史、文化，可对于每个国家而言，如果回溯这个国家的社会或者文化传统，会发现教育传统和本真都是相同的。所以我个人认为，教育既是一种哲学，也是一种社会学。无论国家有多么不同，世界教师所追求的或者世界教育的本质都应该是相通的，因此对于当下所有国家而言，教师面临的课题其实是相同的。

刚才顾明远先生谈话当中也提到了亚洲都受到儒家文化影响，形成了现在的教育模式和教育制度。以前我也发现了这个非常有意思的现象，我把亚洲的教育模式称为"压缩了的近代化"，欧洲经过漫长的几百年更新才完成近代化，但亚洲的中国、韩国、日本大概仅用了100年甚至50年时间就完成了它们用了400年积攒的内容。因此我们的教育具有一个非常有意思的特点，因为时间过短，我们的教育既不断面临新的挑战，同时待解决问题受固有思想影响很难被解决，如您刚才提到的一样，当下的教学方法、教学内容等都需要改变。在这个过程当中，教师需要做到把以教学为中心转换成以学生为中心，教师要变成学习专家，这对于中国教师而言需要注意什么呢？

顾明远：佐藤学教授提出了很好的问题，我个人的认识是，教育有其自然规律，现在各个国家的人们教育观念不同、教育方式也不同，但孩子成长是有规律的，所以我说教育是有可比性的，不是说完全不一样，因为孩子的生长是一样的，不管是东方还是西方都有共同的规律可以遵循。这是一方面。另一方面，生产力总是推动着我们的教育发展，比如工业革命就推动了普及教育。今天我们有了新的生产力，互联网、大数据、人工智能等，这些东西也在推动着我们的教育。生产力在推动教育方面是有共同规律的，不可违背。现在人工智能应用很广泛，我们不能还用古老的教育观念、教育手段来教育我们的孩子，我们要接受这种新的生产力、新的技术、新的教育手段。但有一点不变，即"立德树人"这个教育目标不会变，把德育放在第一位不会变，这是中国教育的特点。所以我觉得教育有共同规律：一个是孩子的成长规律，一个是社会生产力推动着教育的改革有共同的规律，不管是哪个国家。我们要认识这两方面的规律，教育才能向正确的方向发展。

教师工作注定孤单，但我们仍要冲破孤单的藩篱

佐藤学：特别感谢顾先生，在未来信息化飞速发展的社会当中，我们的教师承担着创造未来的责任，教师应该以什么样的面貌进行教学呢？我先讲一下我的想法。

立足当下，我个人认为人类社会到了充满危机的时代。现在世界上贫富差距非常大。如果按照现有模式运行，社会发展一定

不可能再持续。现在全球社会都面临着一个非常重要的转型期，在这个意义上，中国教师也面临着更艰巨的责任。因此，就中国的教师而言，在未来全球社会转型期可能需要肩负以下三点责任。

第一点，我认为教师需要具有非常宽广的视野，有非常丰厚的教养和素养，教师需要持续地终身学习。现在社会要求教师有创造力、有革新精神，同时要求教师不断应对时代变化，所有这些要素当中，最根本的是教师要有自己坚实的素养基础、学问基础，并持续不断地学习。对于教师而言，人文社会科学的相关知识和素养、教育学的相关知识和素养，以及科学相关知识和素养等都需要掌握，只有持续学习的教师，才能真正感受到教师职业的幸福及魅力。

第二点，对教师而言非常重要的工作是传承和革新，这要求教师一定要学会求助与合作。教师的工作是非常孤单的一个工作，特别是那些想去尝试改革、正在革新、正在尝试改革的老师可能面临的压力更大，更加孤单。虽然现实告诉我们，老师的工作是孤单的，可是为了教育的成功，教师一定要冲破孤单的藩篱，我们要找到能够引领我们的前辈（良师），找到可以切磋的同事（良伴），还需要找到可以合作交流、协同发展的集体（良友）。

第三点，对于教师而言更重要的是，为了创造未来，必须要成为受人尊重、受人信任的老师。教师如果不受到信任和尊重，我们的工作将难以持续，教师想获得学生的信赖、获得家长的信赖只有一个方法——真正地信任学生、信赖学生。只有尊重、信赖学生的老师才能获得学生的尊重和信赖。所以我个人认为，为了创造未来，教师必须用这样的精神平等对待每一名学生，这样才能够真正地实现与学生一起共创未来。我也想聆听一下顾老先生对于未来教师的想法。

顾明远： 确实是这样，我们的教师遇到一些新的挑战。科技的不断进步对教师工作形成挑战，经济发展、青年就业也遇到很多挑战。所以教师很辛苦，同时心理压力很大。遇到这样的挑战怎么办？我记得2015年联合国教科文组织发布了一份报告《反思教育：向"全球共同利益"的理念转变？》，报告里头讲了教育到底要承担什么样的责任，答案是教育要尊重人类、尊重生命、尊重和平、尊重正义，要为可持续发展承担责任，要克服功利主义。这个报告非常重要，它指出，教师在迎接多种挑战时，仍然要坚持以人文主义为基础。

当前新的科技也在影响我们的教育，刚才讲了新的生产力必然推动教育，我们要迎接它，不能拒绝它。迎接它的时候要认识它，既要认识它的优势在哪里，也要认识它的风险所在。学校里很多老师运用信息化工具很熟练，但我觉得最主要的还是要促进学生思维发展、创新能力发展，信息化毕竟只是一个手段。同时要认识到，我们运用信息技术还不够充分，比如信息技术的一大优势是能够帮助学生个性化学习，给学生提供个性化的学习方案，但现在我们还不能完全做到。一个班上四五十个孩子，不能利用信息技术给每个孩子提供一种学习方案，我们还是同样的进度、同样的评价标准，所以我们用的还不是很充分。这里，我一直讲需要处理好三个方面的关系。

第一个方面是手段和目的的关系，也就是技术主义和人文主义的关系。信息技术毕竟是一种手段，不是目的，我们的终极目标还是立德树人。所以要以人文主义为基础，处理好人文主义和技术主义的关系。

第二个方面是传统和现代的关系。我们用现在的技术不能脱离传统，有些传统方法还是需要的。我跟很多老师讨论过，有人说现在有信息技术了，可以不要黑板了。我说黑板不能丢，一定要留一块黑板，有了黑板，老师在黑板上写一写、画一画，就增加了老师与学生之间的交流，就不是人和机器的交流了。有时候老师在黑板上画一画比课件更能启发学生思维。还有，现在我们提倡让学生自己探索、自己研究，甚至提出不要让老师讲课了——恐怕有些课程还要老师讲一讲、引导一下，传统的讲解还是必要的。所以传统和现代需要结合起来。

第三个方面是虚拟世界和现实世界的关系。我们的老师现在上课可以将虚拟的技术应用于教学，用虚拟的东西来教育孩子。但虚拟世界毕竟不是现实世界，现实世界很复杂，我们还是要把孩子们带到现实世界里走一走，处理好虚拟世界和现实世界的关系。

未来教师责任重大，中国提出要建设教育强国。为什么要建设教育强国？一是因为教育是实现高水平科技自立自强的重要支撑。现在西方封锁我们，我们面临"卡脖子"问题，怎么办？我们要自力更生，自立自强，自主培养高科技人才，教育应该为培养高科技杰出人才打下基础。二是为了实现全体人民共同富裕，共同富裕的有效途径是提高全国人民的文化素养。我们的教育不仅要培养杰出人才，还要培养普通劳动者，要培养新时代的农民、工人。所以我提倡高中应该多样性，不要都去考清华、北大，都去当科学家，没有普通劳动者我们怎么生活？饭都没法吃了。所以教育不能光盯着少数几个人，要关注所有学生，使所有学生都能发展。当然在所有学生发展过程当中，我们希望一批杰出的科学家、杰出的人才脱颖而出。

佐藤学：特别赞同顾先生的想法，每次跟您的对谈都让我感觉到我又一次回归教育本真，又一次重新思考教育的根本性问题。顾先生今年已经 90 多岁高龄了，但您的思维依旧如此活跃，您不仅面容看起来年轻，您的思维更加年轻，令我非常敬佩。

顾明远：谢谢。虽然我的年纪比较大，但佐藤老师年岁也很高了，也有丰富的经验，也祝愿您健康长寿，能够多到中国来走一走，指导我们的老师不断进步。

（原文载于《中国教师报》2024 年 4 月 10 日，略有删改）

教师要以教育家精神锤炼成长

  党的十八大以来，习近平总书记对教育和教师队伍建设作出了系列重要论述。2014年教师节前夕，他在北京师范大学提出有理想信念、有道德情操、有扎实学识、有仁爱之心的"四有"好老师的标准；2016年，他在北京市八一学校提出教师要做学生锤炼品格、学习知识、创新思维、奉献祖国的"四个引路人"等重要论断；2021年，他在视察清华大学时提出教师要成为"大先生"；2023年5月29日，习近平总书记在二十届中共中央政治局第五次集体学习时指出："强教必先强师。要把加强教师队伍建设作为建设教育强国最重要的基础工作来抓，健全中国特色教师教育体系，大力培养造就一支师德高尚、业务精湛、结构合理、充满活力的高素质专业化教师队伍。"2023年教师节前夕，习近平总书记给全国优秀教师代表致信，充分肯定了广大教师为强国建设、民族复兴伟业作出的重要贡献，这是对广大教师的极大鼓励。习近平总书记又提到教师群体中涌现出一批教育家和优秀教师，他们展现了中国特有的教育家精神。总书记把优秀教师的品质提高到教育家精神，为教师队伍的建设提出了更高的要求，并指明了教师发展成长的方向。弘扬教育家精神，这是新时代建设教育强国的要求，是为全面建设中国式现代化提供高素质人才支撑的要求。

全面建设中国式现代化，人才是关键，教育是基础。强教必须强师，有了高质量的教师，才能有高质量的教育，才能培养出高质量的人才。教育家精神是习近平总书记站在新时代的高度、凝聚了当代优秀教育的品质提出来的。他指出，教育家具有心有大我、至诚报国的理想信念；言为士则、行为世范的道德情操；启智润心、因材施教的育人智慧；勤学笃行、求是创新的躬耕态度；乐教爱生、甘于奉献的仁爱之心；胸怀天下、以文化人的弘道追求。习近平总书记对教育家精神的六条论述，反映了新时代对教师理想信念、人格品质、专业修养、教育态度、教育能力的全面要求，是一名教师应有的素养。教师是教育者，教师的素养直接影响学生的成长。习近平总书记说，"一个人遇到好老师是人生的幸运，一个学校拥有好老师是学校的光荣，一个民族源源不断涌现出一批又一批好老师则是民族的希望"。习近平提出教育家精神，为教师队伍的建设提供了遵循，为每名老师提供了努力成长的方向。

教师要以教育家精神锤炼成长

习近平总书记提出的教育家精神，传承发扬了中国知识分子和历代教育家的优秀传统。教师是知识分子的群体，是民族的中坚，教师的风范引领着社会的风尚。我国历代知识分子不仅创造了中华优秀文化，而且都胸怀天下，抱有报国之心。范仲淹的"先天下之忧而忧，后天下之乐而乐"，顾炎武的"天下兴亡，匹夫有责"，就是中国知识分子胸怀天下的代表。历代教育家都具有乐教爱生的品格和仁爱之心。孔子说"有教无类""仁者爱人"，陶行知说"爱满天下"，都是爱生如子、希望把他们培养成为国家栋梁之材的体现。教师不仅要授业，更要传道。韩愈说："师者，传道受业解惑也。"那么，新时代的教师要传什么道呢？就是要传爱党、爱国、爱人民之道，传修身养性之道，把学生培养成为有家国情怀、真实本领、担当精神的新时代创新人才。所以，教师不仅仅要把课程教材里的知识教给学生，更应该培养学生的人格。义务教育阶段新课标特别强调要全面培养学生的核心素养，每一位老师不能只关心自己的学科，而是都要关心孩子的成长。就像陶行知所说："千教万教，教人求真；千学万学，学做真人"。教师既是经师，更是人师。

当今我国教育遇到多种挑战。国际上风云变幻，涌现出逆全球化潮流，西方国家用种种方法限制我国的发展。我们必须自力更生，自主创新。习近平总书记在二十届中共中央政治局第五次集体学习时讲，建设教育强国，是全面建成社会主义现代化强国的战略先导，是实现高水平科技自立自强的重要支撑，是促进全体人民共同富裕的有效途径。教育工作者任重道远。当前在校学习的学生是实现中国式现代化、中华民族伟大复兴的生力军，他们要接下重要一棒，实现中华民族伟大复兴之梦。

近几年来，中央出台了一系列文件，包括义务教育阶段新课标的出台，目的都是要提高教育质量，促进教育公平。"双减"政策已初见成效，但也出现了一些新问题。"双减"政策出台的目的就是要促进学生全面发展，使学生的潜能得到充分发挥。老师要上好每一节课，教好每一个学生。学生学懂学会了，就有时间锻炼身体，有时间走进自然，走向社会。学校要与家长沟通，让家长理解并看到教学质量的提高，支持教育改革。

教师要认真学习领会教育家精神，不断锤炼成为卓越教师，成为教育家。当然，不可能人人都成为教育家，但教育家精神是每个教师都应该具有的。每一位教师都要以教育家精神为指导锤炼成长，要努力更新教育观念，树立全面发展观、人人成才观、终身学习观和系统培养观；要精通所教学科知识，深刻理解本学科的来龙去脉；要勤于学习，善于思考，总结实践经验并将其上升为理论；要身体力行，不断提升专业素养锤炼成为一名受学生欢迎的好老师，不负党和国家的期望，为党育人，为国育才。

（2023年10月28日）

把教师的专业水平提升到更高的层次

2023年5月29日，习近平总书记在中共中央政治局第五次集体学习时指出："强教必先强师。要把加强教师队伍建设作为建设教育强国最重要的基础工作来抓，健全中国特色教师教育体系，大力培养造就一支师德高尚、业务精湛、结构合理、充满活力的高素质专业化教师队伍。"2023年7月，教育部出台了《关于实施国家优秀中小学教师培养计划的意见》（以下简称"国优计划"）。"国优计划"提出，从2023年起，国家支持以"双一流"建设高校为代表的高水平高校选拔专业成绩优秀且乐教适教的学生作为"国优计划"研究生，在强化学科专业课程学习的同时，系统学习教师教育模块课程（含参加教育实践），为中小学输送一批教育情怀深厚、专业素养卓越、教学基本功扎实的优秀教师，并且确定了30所"双一流"高校承担这个任务。这是贯彻落实总书记讲话的重要举措，对我国中小学教师队伍的建设具有重要意义。

早在本世纪之初，在进行教师教育改革的同时，国家就提出了要实现开放式的教师教育体系，鼓励高水平的大学参加中小学教师的培养。2018年公布的《教师教育振兴行动计划（2018—2022年）》就提出，要求高水平综合大学参与培养研究生层次的普通高中教师。但是这个任务除个别综合大学培养少量研究生层次的教师外，基本上没有落实。这次"国优计划"确定30所"双一流"高校，培养高层次、高质量、专业化的教师。这将大大改善我国高中教师队伍的学历结构，提高中学教育的水平。

长期以来我国的教师队伍学历水平较低。1997年国务院学位委员会为中小学教师设置了教育硕士专业学位，2004年以后开始设置教育博士学位。截至2023年，已有39万名教师获得硕士学位、969名教师获得博士学位。但因为是计划外招生，采取在职学习方式，获得这些学位的教师只有学位没有学历。由于我国实行学历制度，人事部门不认可学位，只认可学历，教师对此意见很大。其实，学历只代表一个人学习的经历，并不反映他的水平，学位才反映他的业务水平。现在即使已有几十万名教育硕士，我国教师队伍的学历层次仍然很低。据统计，2018年我国中小学教师中具有研究生学历的比例为3.10%，普通高中教师中的比例为9.82%。要实现教育强国计划，有必要大力提高中小学教师的学历水平。

把教师的专业水平提升到更高的层次

现在任务已经确定,承担的学校要充分认识任务的重要和光荣,认真研究制定培养方案。方案中最重要的是要建立教师教育的课程体系和合理配置教师教育师资队伍。30所高校类型不同,恐怕要根据不同的专业背景制定不同的培养方案。培养方案应该经过专家论证和教育部认可,以保证培养的质量。

我认为,在高质量教师培养中,"国优计划"要重视以下几点:

第一,把师德建设放在第一位。教育是塑造人的生命、塑造心灵的事业。只有高质量教师才能培养高质量的学生。要用习近平总书记"四有"好老师的标准培养高质量的教师。师德与教师的专业水平密切相关,要在教师教育研究生教育中加强思政教育和师德教育,提高师范生对教育和教师职业的认识,学为人师,行为世范,使他们将来既做经师,又做人师。

第二,处理好学科课程与教师教育课程的关系。大多数研究生来自不同的学科专业,他们要进一步学习本学科的知识,掌握学科发展的前沿,这很重要,掌握了学科的知识体系和学科的发展前沿,才能引领高中生掌握学科的基本概念,认识学科发展的趋向。记得20世纪80年代,上海复旦大学苏步青院士曾亲自给中学教师讲高等数学。他说:"数学老师学了高等数学,才能教好初等数学"。"国优计划"研究生将来要当老师,面对的是正在成长中的青少年,因此必须学习教师教育模块的课程,包括教育学、心理学、学科教学的理论和方法,要研究当前高中教育的课程标准和教学方法，参加教育实习等。我认为最重要的是加强教师专业思想的教育，让研究生认识教育对学生个人、国家发展的重要性，认识教师职业的特殊性，树立终身从事教育事业、培养人才的理想。

第三，处理好理论学习和教育实践的关系。要重视教育理论的学习。教育是有规律的，青少年成长是有规律的。掌握了教育理论、育人的规律，树立了正确的人才观、教育观、质量观，才有正确的、有效的教育行动。同时，教育学是一门应用实践性课程。教育的规律从实践中来，又要去指导实践。"国优计划"培养的研究生，必须认真学习党的教育方针，把立德树人作为根本任务。因此，要让研究生及早进入学校，了解学校、了解学生；认真参加教育实习，与有经验的老教师共同钻研教材、共同备课，磨炼课堂教学水平，提高教书育人的能力。

第四，要了解我国教育改革的实际，了解和研究当前高中教育存在的问题，培养学生的改革创新精神。当前，我国高中教育存在的问题是学生学习缺乏主动性、自主选择性，缺乏学习的志趣和志向，缺乏创新意识和创新能力。实现教育强国、科技强国、人才强国，必须培养学生的专业志向，提升自主学习能力、创新思维水平。因此，高中教育要克服"唯分数""唯升学"的弊端，改革教学方式方法和评估制度，培养新时代要求的创新人才。

第五，处理好现代技术与传统教育的关系。当今时代，数字化、人工智能等信息技术正在改变着教育的生态、教育的环境、教育的方式。"国优计划"研究生要提高数字化素养。首先要充分认识信息技术在教育领域运用的优势，同时认识存在的风险。教育的方式方法要变革，但立德树人的根本任务不会变，要善于把数字技术与传统教育结合起来，教师仍然要练好传道授业解惑的本领。要科学合理地运用信息技术，使它赋能教育质量的提升。2023年7月26日，联合国教科文组织发布2023年《全球教育监测报告》，呼吁教育系统应始终确保以学习者的利益为中心，合理利用数字技术来支持基于人际互动的教育，而不是取代人际互动。联合国教科文组织总干事说："技术必须用于提升学习体验及学生与教师的福祉，而不是给他们带来危害。"这个观点对我们培养高质量教师至关重要，值得我们重视。

（2023年8月12日）

发扬"中师"精神，培养优秀小学教师

中等师范学校（以下简称中师）是我国师范教育的先驱。最早的中师建于1897年，即盛宣怀在上海南洋公学中建立的师范院。以后各地办起了师范学堂，辛亥革命后改为师范学校。这些师范学校培养了许多革命志士，许多中国共产党早期领导人都毕业于当时的师范学校。新中国成立以后，我国学习苏联教育模式，建立了一套完整的师范教育体系，由中师承担培养小学教师的任务，中师有了很大的发展。特别是改革开放以后，国家实行普及九年义务教育，中师像雨后春笋般地发展起来，最高时达到1 000多所，几乎每个县都有一所中师。中师培养了一大批优秀的小学教师，为我国实现九年义务教育作出了巨大贡献。现在许多小学特级教师和正高级教师都是20世纪八九十年代培养的。我有一次到成都去调研，认识和发现了好几位优秀的小学校长。我

发扬"中师"精神，培养优秀小学教师

问当时的教育局局长，你们怎么有这么多好老师？她说，当年中师提前招生，我们都是从优秀的初中毕业生中一个一个挑选出来的。本世纪初，由于要提高小学教师的学历水平，有的中师合并到师专，有的改为普通中学，中师几乎消失殆尽。提高小学教师的学历是必要的，通过高等教育培养小学教师，可以提高小学教师的学科知识水平和专业素养。但是没有想到，由于要参加高考，优秀青年进不了师范专业，尤其是师专或大学本科的小学教育专业，生源质量较低。在课程设置上，小学教育专业注重学科知识的培养，却忽视了小学教师应有的一些素养和品质的培养。如小学教师需要有全科性知识，能歌善舞，有组织儿童活动的能力，但师专以上的师范生缺乏这种训练。2022年4月，教育部等八部门印发《新时代基础教育强师计划》，要求提高基础教育教师的专业水平，并且提出了具体的措施和要求。我觉得这是教师教育改革的契机，小学教育专业要认真落实文件的精神和要求。培养小学教师要继承过去培养中师的优秀传统和经验，如既有革命的基因，又有改革创新的精神，重视小学儿童教育的特点等。希望《中国教师》让中师毕业的优秀小学老师讲讲他们的经历，弘扬中师的优秀传统，促进高等学校小学教育专业的改革，提高培养质量，提高小学教师的专业水平。

（原文载于《中国教师》2022年第5期）

陶行知先生是我们永远的老师

陶行知先生是我们永远的老师，他的教育思想至今仍闪耀着光芒，具有划时代的意义。

陶行知教育思想的最大特点，也是最主要的精神，就是在中国大地办教育，不仅符合中国的国情，贴近中国的现实，而且能用老百姓的语言阐释教育的本质。

他说：千教万教，教人求真；千学万学，学做真人。这不就是今天我们讲的立德树人是教育的根本任务吗？教育首先要育人，要把每个学生培养成有高尚道德、健全人格的人。

陶行知先生说：社会即学校，让学生走向社会，向社会学习，教育的材料、方法、工具和环境都可以大大增加和拓展，学生、先生也可以更多。这不就是今天的大教育观吗？我们今天教育要现代化，就不能把学生关在笼子里埋头做作业，而要让他们走进大自然、走向社会，丰富和理解课堂上学到的知识。

陶行知先生主张做中学，既动脑又动手。这就是今天教育要倡导的教学方法。要培养学生的创新能力，就需要让学生既动脑又动手，加强劳动教育、综合技术教育，让学生在劳动中、在科技小组活动中去创造。

陶行知先生的教育思想在当代仍有现实意义。陶行知先生结合当时他所处的时代、中国的国情，提出他对教育的主张，今天我们学习他的教育思想，也必须结合当代的时代、现在的国情，守正创新，改进教育方式方法，早日实现教育现代化。

(2024年4月14日)

像于漪那样做老师

首先热烈祝贺首届于漪教育教学思想研究论坛的召开，这使教育界能够进一步深入地向于漪老师学习。

人民教育家于漪是中国教育的一座丰碑，她的教育思想、教育风格、教育艺术以及她具有的中国文人的气质、人格魅力，堪称中国教师的楷模，她是一位真正的"大先生"。

我曾经说过，一个优秀教师的成长需要经过五项修炼：一是意愿，愿意当老师，"衣带渐宽终不悔"；二是锤炼，不断反思自己的教育行为，不断磨炼教学；三是学习，遇到困难向老教师学习，向书本学习；四是创新，不断改进教育教学工作，创造自己的风格；五是收获，最后获得教育教学的成功，看到孩子们的成长，感悟到教育的幸福！于漪老师也就是这样修炼成教育界的正果的。

今年夏天，我收到于漪老师送给我的手稿体大作《岁月如歌》，拜读之后，钦佩不已。她用秀美的字迹、清晰的思路，书写了她为教育事业奋斗的一生。书中有她总结的教育思想、教育改革的经验，她对教育、人生的体悟，更有活生生的教育故事。

于漪老师从不把教师当作一种谋生的职业，而是把它看作一项伟大的事业——国家的事业、人民的事业。她说："教师责任重大，一头挑着学生的现在，一头挑着国家的未来。"教育关系到国家民族的兴旺、家庭的幸福、学生的发展。最近我与于漪老师共同在线上参加了几次各地的教育论坛，她在论坛的发言中，总是说到为党育人、为国育才，这反映了她对国家、人民的深切感情。

于漪始终把育人放在第一位。于漪老师认为，教育不仅仅是把知识教给学生，更重要的是培养人。1964年她在《文汇报》上发表文章，题目就是《胸中有书，目中有人》。她说，"既教文，又教人"，目的是"培养有中国心的现代文明人"。她把爱洒给所有的学生，对他们宽严相济。她说："不管是班主任，还是任课教师，都必须对学生满腔热情满腔爱，不是对少数，而是对所有学生。"她还说："教师要有敏锐的目光，善于发现学生身上的优点。"她非常重视学生的思想情感，认为，情感上的事来不得半点虚假。她认为老师的爱不同于父母之爱，老师的爱是为了祖国的未来，是无私的爱、不求回报的爱。正是为了爱学生，使他们成才，所以她总是严格要求学生，将他们培养成为祖国的栋梁。

于漪老师在教学上不断磨炼，不断完善。教育既是科学，又是艺术。教育是科学，教师就要拥有扎实的学识。于漪老师不断钻研语文课程和教材。她认为，功底厚实是上好课的前提与基础。对教材要洞悉底里，思路要有条不紊、严谨周密，师生关系要和谐。于漪老师认为，"胸中有书"指讲课不能只看到本课的课文，要掌握语文课的整体框架，而且"教学要一清如水"。清晰，学生学起来头脑就清楚，不仅能学到知识，锻炼语文能力，而且在逻辑思维方面可获得好的熏陶。于老师的教学明快流畅、紧扣主题、启迪思维、引人入胜。这种教学风格是几十年锤炼出来的。她在《岁月如歌》中描述，她是被当年的教研员逼出来的，是不断做公开课磨炼出来的。

于漪老师充满着改革的热情，不断创新。于漪老师在20世纪60年代初就进行教育改革。她说，从教学实践中，深刻体会到教师不能代替学生学习，学生要做学习的主人，方能真正提高教育质量。于是她就尝试教育改革，着力调动学生学习的积极性和主动性，逐渐形成了自己的教育风格。

于漪老师是语文教育改革的推动者。她在语文教学中，反复推敲语文学科的目的和任务。20世纪60年代，教育界对语文教学的性质有过激烈的争论：一派意见认为语文是工具，另一派意见认为语文是文化。于老师认为，语文作为一门独立的学科，应有自己的特定任务。语文是工具，但在引导学生理解和掌握工具的同时，也就传承了中华民族的优秀文化、人类进步的文化，对学生的思想、道德、精神层面进行了培养。因而，教文和育人必然紧密联系，不可分割。1995年于漪发表了《弘扬人文，改革弊端——关于语文教育性质观的反思》，认为"语文学科作为一门人文应用学科，应该是语言的工具训练与人文教育的结合"。这一观点引起了巨大反响，澄清了长期争论的问题。她自己把育人深入日常的教学工作中，提出语文学科要"德智融合"，充分挖掘学科内在的育人价值，真正将立德树人落实到学科主渠道、课堂主阵地。

于漪老师爱读书，读了许多书，特别喜欢古诗词。她从读书中获得知识、扩大视野、提升修养。所以于漪老师有崇高的境界，广大的胸怀。她把教育工作当作自己的生命，与国家的繁荣联系起来。她说："我一辈子做教师，一辈子学做教师"。她真是做到了这一点，不离讲台，不离书本，为的是培养祖国的未来。于漪老师是终身学习的典范。

于漪老师是我们中国教育的一座宝库，我们要向于漪老师学习的东西还有很多很多。今天我国社会主义建设进入了新时代。党的二十大提出要全面建设社会主义现代化国家，建设教育强国、科技强国、人才强国和高质量的教育体系，教育工作者任重道远。教育要实现现代化，教师队伍的建设是基础。这次论坛是向于漪老师学习的好机会。

最后祝贺于漪教育教学思想研究中心在研究于漪老师和我国优秀教师的思想和经验方面取得更大成果，并祝论坛圆满成功！

（2022 年 12 月 10 日）

图书在版编目（CIP）数据

热风集：顾明远教育沉思 / 顾明远著. -- 北京：中国人民大学出版社，2024.9. -- ISBN 978-7-300-33257-4

Ⅰ. G4-53

中国国家版本馆 CIP 数据核字第 2024127B02 号

热风集：顾明远教育沉思
顾明远　著
Refeng Ji：Gu Mingyuan Jiaoyu Chensi

出版发行	中国人民大学出版社			
社　　址	北京中关村大街 31 号	邮政编码	100080	
电　　话	010-62511242（总编室）	010-62511770（质管部）		
	010-82501766（邮购部）	010-62514148（门市部）		
	010-62515195（发行公司）	010-62515275（盗版举报）		
网　　址	http：//www.crup.com.cn			
经　　销	新华书店			
印　　刷	涿州市星河印刷有限公司			
开　　本	720 mm×1000 mm　1/16	版　次	2024 年 9 月第 1 版	
印　　张	15 插页 2	印　次	2024 年 9 月第 1 次印刷	
字　　数	139 000	定　价	68.00 元	

版权所有　侵权必究　印装差错　负责调换